新媒体活页式特色教材
职业教育智能与新能源汽车领域创新与应用系列教材

新能源汽车试验技术

主 编 李 荣 易 娇 陈彦纶
副主编 吴小妮 颜伟华

扫描二维码，获取配套教学资源

北京交通大学出版社
·北京·

内 容 简 介

在新能源汽车行业引领全球发展的大背景下，我们结合行业工作实际，按照教育部最新版新能源汽车工程技术、新能源汽车技术等专业的教学要求，编写了本教材，以期为学习者提供新能源汽车试验领域的专业知识与技能。

本书内容丰富，共设计 5 个项目 12 个任务 30 个实训，涵盖了新能源汽车各个关键技术领域的试验方法与实践操作，包括新能源汽车续航试验、充电试验、安全试验、动力系统试验及性能主观评价，不仅能帮助学习者深入了解新能源汽车动力源的核心部分，还能使学习者掌握新能源汽车驱动系统的关键技术，了解新能源汽车性能评估的全过程。

此外，还可以通过扫描二维码进入资源更丰富的网络课堂，网络课堂里面不仅有多媒体学习资源，还有学习手册、工作页、任务评价表、教案、教学 PPT 等资料，无论是学习还是教学，都很方便。

本书适合用作职业教育新能源汽车相关专业的教学用书，也可供从业人员参考。

图书在版编目（CIP）数据

新能源汽车试验技术 / 李荣，易娇，陈彦纶主编. -- 北京 : 北京交通大学出版社，2025. 3. -- ISBN 978-7-5121-5449-0

Ⅰ. U469.7

中国国家版本馆 CIP 数据核字第 202550MA07 号

新能源汽车试验技术
XINNENGYUAN QICHE SHIYAN JISHU

策划编辑：张　亮　　责任编辑：陈跃琴
出版发行：北京交通大学出版社　　电话：010-51686414　　http://www.bjtup.com.cn
地　　址：北京市海淀区高梁桥斜街 44 号　　邮编：100044
印 刷 者：艺堂印刷（天津）有限公司
经　　销：全国新华书店
开　　本：185 mm×260 mm　　印张：9.25　　字数：250 千字
版 印 次：2025 年 3 月第 1 版　　2025 年 3 月第 1 次印刷
定　　价：45.00 元

本书如有质量问题，请向北京交通大学出版社质监组反映。对您的意见和批评，我们表示欢迎和感谢。
投诉电话：010-51686043，51686008；传真：010-62225406；E-mail：press@bjtu.edu.cn。

前　言

《新能源汽车试验技术》旨在为高等院校相关专业学生及行业从业者提供一份全面而深入的学习资料，通过系统介绍新能源汽车领域内最新的测试方法和技术手段，帮助读者了解新能源汽车关键部件的各项性能指标是如何被精确评估与试验的。本书内容涵盖了新能源汽车续航试验、充电试验、安全试验、动力系统试验、性能主观评价等内容，涉及动力电池测试、驱动电机系统效率分析、充电设施兼容性评价等多个方面，并结合试验进行讲解。本书还特别强调了试验安全规范的重要性，在开展任何类型的测试之前，都必须严格遵守相关的操作规程，以保障人员和设备的安全。

本书具有以下特点：

一、专业性强。根据相关国家标准编写，确保内容准确、权威，紧跟新能源汽车技术的发展前沿。

二、实用性高。注重试验操作与实际应用的结合，提供详细的试验步骤和注意事项，让学习者能够快速上手进行试验。

三、结构清晰。内容循序渐进，便于学习和理解。同时，配有丰富的图表和实例，增强了教材的可读性。

四、拓展性好。在介绍基本试验技术的基础上，引导学习者进行深入思考和创新实践，为进一步的研究和发展奠定基础。

我们希望《新能源汽车试验技术》一书能够成为广大师生朋友探索这一新兴领域的桥梁，同时也期待它能激发更多人参与到新能源汽车产业的研发工作中来，共同促进我国乃至全世界向更加清洁高效的未来交通体系迈进。

本书由李荣、陈彦纶、易娇担任主编，由吴小妮、颜伟华担任副主编。本书在编写过程中参考了相关专家学者的研究成果，并引用了有关资料，谨此说明，并向有关专家学者致以深深谢意！

由于编者水平有限，书中难免出现纰漏，恳请广大读者批评指正。

编　者

2025 年 2 月

目　录

项目1 新能源汽车续航试验

续航里程是新能源汽车的一个重要参数，就目前国内充电基础设施建设程度而言，如果新能源汽车在非城市道路上没有电了，充电是一件很麻烦的事，一是可能找不到地方充电，二是充电时间可能很长，因此续航里程也是消费者很在意的参数，而有些车标的续航里程跟实际的续航里程相差比较大，这导致消费者对官方数据不信任，那么续航里程为什么会有差距？续航里程的试验数据是怎么来的？带着疑问进入新能源汽车续航试验课程内容。

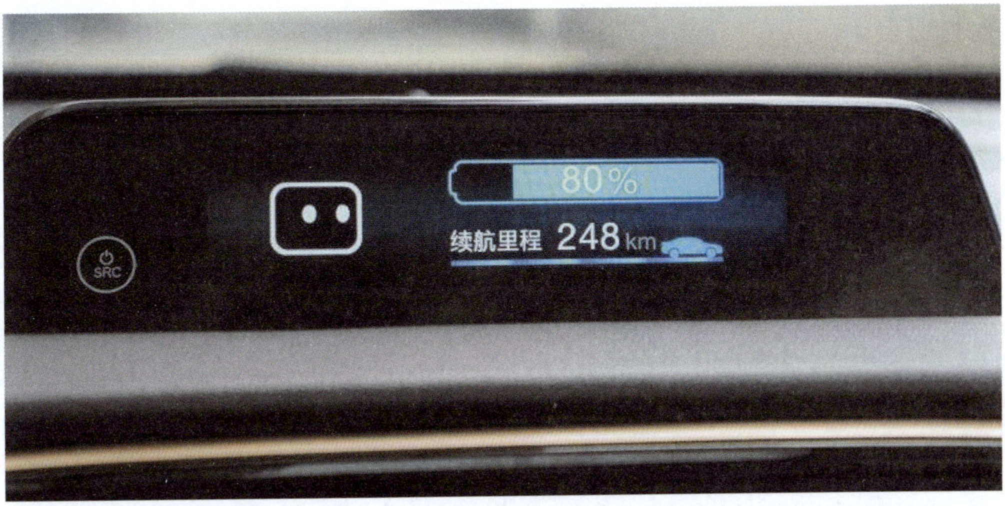

学习目标

知识目标

1. 能描述出新能源汽车续航试验准备工作中的关键步骤及其逻辑；
2. 能描述出新能源汽车续航试验步骤。

技能目标

1. 能解答客户对于续航里程的疑问；
2. 能正确操作底盘测功机。

素质目标

1. 通过续航试验培养认真细致、标准规范的科研精神；
2. 通过对试验数据的记录培养实事求是的工作作风。

工作任务

任务 1-1　续航试验准备工作；
任务 1-2　底盘测功机认知；
任务 1-3　续航试验。

任务 1-1　续航试验准备工作

任务描述

在新能源汽车续航试验前，有一些准备工作需要完成。准备工作没有做好，会影响后面的测试结果准确性，所以准备工作必须严格按照要求完成。在这次任务中我们首先了解影响新能源汽车续航里程的因素，根据这些影响因素来确定准备工作流程。

任务目标

1. 了解影响新能源汽车续航里程的因素，并能解答客户关于续航里程的疑问；
2. 能实施新能源汽车续航试验准备工作。

相关知识

新能源汽车续航里程影响因素

续航里程指的是新能源汽车在动力蓄电池完全充电状态下，以一定的行驶工况，能连续行驶的最大距离。车辆外部行驶条件、滚动阻力系数、空气阻力系数、机械传动效率和整车质量等因素，对新能源汽车续航里程的影响与传统汽车相同；其他一些不影响传统汽车仅影响新能源汽车的因素包括：动力电池性能、辅助系统的能量损耗、能量回馈系统、环境温度、驾驶习惯以及电池损耗等，所以消费者的实际续航里程和试验数据存在一定误差。为了减少标称数据与实际使用中的误差，就必须制定和实际条件尽量接近的测试方法。

（1）动力电池性能：动力电池性能指额定容量、能量密度等。如采用锂离子电池，电池质量可以减少 2/3，续航里程可增加 15%以上。

（2）辅助系统的能量损耗：电机、照明、冷暖空调等低压电器系统应选择耗能少的部件，其中空调的功耗占绝大部分，测试表明空调的全程开启会使续航里程大约下降 1/4。

（3）能量回馈系统：新能源汽车的能量回馈系统将制动时的部分能量转化为电能储存到蓄电池内，减少能量损失，可回收 15%～20%的能量。

（4）环境温度：温度不同，电池组放出的能量不同。实验发现锂离子电池冬季可放出能量为夏季的 2/3，并且温度对车辆各部分的工作效率都有影响。因此，新能源汽车的续航里程受环境温度影响很大。

（5）电池损耗：实验证明，目前的锂电子电池，在车辆行驶里程达到 1.6 万 km 时，电池损耗约为 6%；车辆行驶里程达 9.6 万 km 时，损耗约为 22%。电池使用五年后的容量，80%取决于车主的使用情况，若做好对电池的养护，续航能力在五年内仅下降 20%。在设计新能源汽车最佳续航里程时，也要充分考虑到电池的损耗。

任务实施

实训 1　测试准备

<<< 1. 车辆准备工作

本书测试方法针对的是最大允许总质量不超过 3 500 kg 的 M1 类车辆，M1 类车辆指的是至少有 4 个车轮，或有 3 个车轮，且厂定最大总质量超过 1 t，除驾驶员座位外，乘客座位不超过 8 个的载客车辆。

（1）测试车辆并按照规定的测试质量加载：查看车辆铭牌，如图 1-1 所示，找到最大允许总质量，看是否超过 3 500 kg，没有超过就按 100 kg 加载，超过就不属于 M1 类车辆。

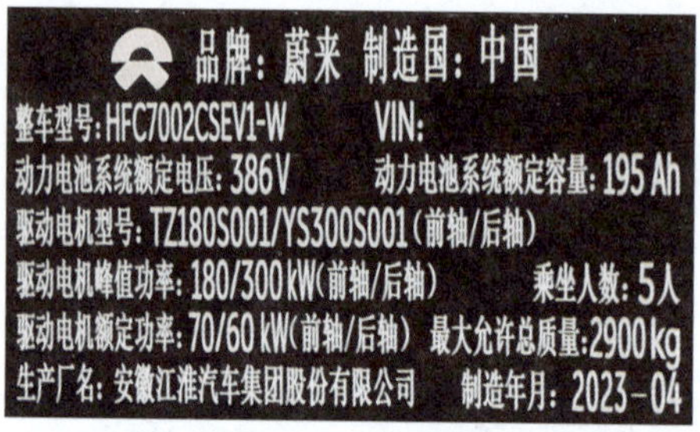

图 1-1　车辆铭牌

（2）测试车辆的轮胎气压并按照制造厂的规定进行调整：不同的车型，轮胎胎压也是不一样的。所以，每辆汽车都会标明最适合它的胎压推荐值，这个推荐值通常可以在以下几个地方找到：

① 车辆用户手册（图 1-2）；

② 驾驶室车门（B 柱附近）旁边的标签（图 1-3）；

③ 车辆驾驶座旁的抽屉；

④ 油箱盖的背面。

图 1-2　车辆用户手册

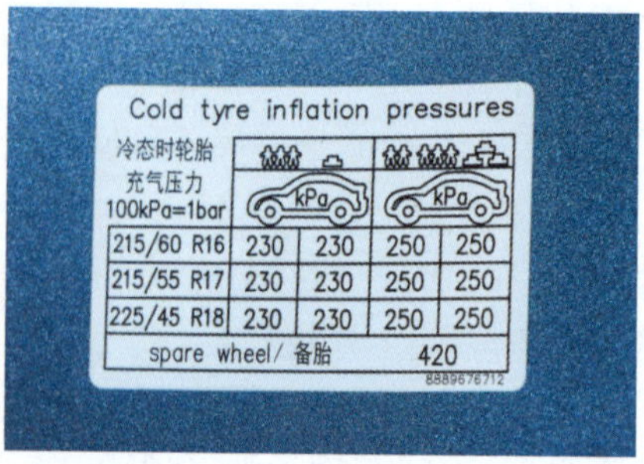

图 1-3　驾驶室车门（B 柱附近）旁边的标签

注意

整车厂胎压推荐值指的是冷却胎压（停车后至少 3 h 后或轮胎行驶不超过 2 km）。如果只能在热胎时测量胎压，请将所测得的胎压数值减去大约 20 kPa 就是轮胎冷却充气压力。

有些车的原厂胎压标签会区分开满载工况和空载工况。如果经常一个人开车上下班，就按空载来算；如果人多，就按满载来算；实在不确定的话，就取平均值。例如，图 1–4 中 275/40 R 20 的后轮轮胎压力值读取步骤为：① 找到相应轮胎型号；② 确定前后胎，因为前后轴荷不同，标准胎压也有差异；③ 根据车辆载荷选取。因为测试为小负荷，所有胎压为 240 kPa。

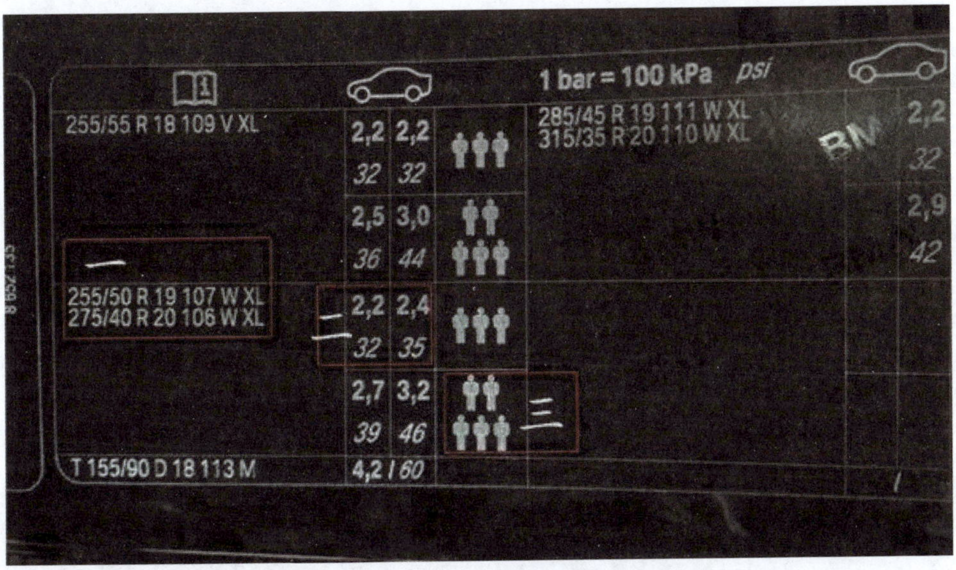

图 1–4　胎压标准值读取步骤

（3）车上的照明、信号装置以及辅助设备：应关闭，除非测试和车辆白天运行对这些装置有要求。

（4）储能系统：除驱动用途以外，所有的储能系统应充值到制造厂规定的最大值（电能、液压、气压等）；

（5）磨合里程：测试前，测试车辆应至少用安装在测试车辆上的动力蓄电池行驶 1 000 km 的磨合里程，以此来激活电池单元。

① 动力蓄电池的放电：首先，测试车辆以 30 min 最高车速的 65%～75%稳速行驶，使车辆的动力蓄电池放电。放电在车速不能达到 30 min 最高车速的 65%时结束。

小知识

30 min最高车速的定义

30 min最高车速是指新能源汽车在满功率输出状态下，持续行驶30 min所能达到的最高平均车速。这一指标通常通过标准化的测试方法来确定，包括在环形跑道或底盘测功机上进行。测试过程中，车辆以预计的30 min最高车速±5%的速度行驶30 min，其间可以通过踩加速踏板来维持或调整车速。如果车辆在测试中无法达到预计30 min最高车速的95%，则测试需要重新进行或由制造商提供新的预计值。这一指标反映的是新能源汽车在持续高负荷运行条件下的性能表现，是评估新能源汽车动力性能和持续输出动力能力的重要参数。

② 动力蓄电池的充电：在环境温度为（25±5）℃的情况下，动力蓄电池按照符合要求的方式充电，使动力蓄电池达到完全充电状态。本测试规范不包括其他特殊类型的充电，例如蓄电池翻新或维修充电。车辆制造厂应该保证测试过程中车辆没有进行特殊充电操作。

③ 充电结束的标准：充电满12 h即为充电结束的标准。如果标准仪器发出明显的信号，提示驾驶员蓄电池没有充满，则在这种情况下的最长充电时间为：3×制造厂规定的蓄电池容量（kW·h）/电网供电功率（kW）。有的车型会在操作系统里面限制充电电流，预防用家用电路充电电流过大引起火灾，所以用快充前应查看是否有电流限制，防止充电时间过长。下面以某德系新能源汽车为例讲解怎么设置充电电流大小（图1-7）。

（1）首先在主菜单中找到“我的座驾”

（2）选择“车辆充电及空调规划”

（3）选择充电模式，有“立即充电”和“在时间窗口内充电”两种选择

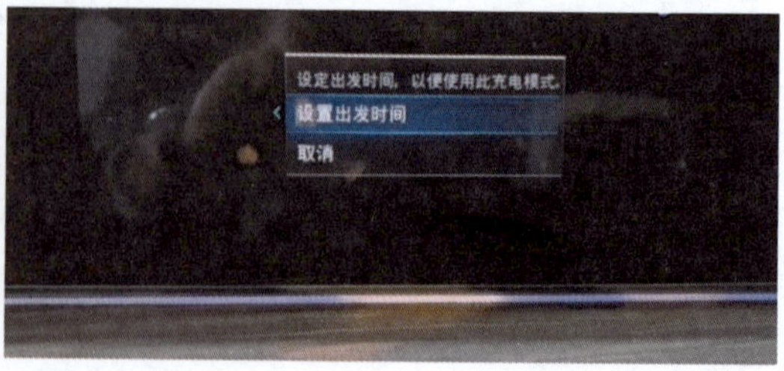

（4）可以提前设置好出发时间

图1-5 设置充电电流

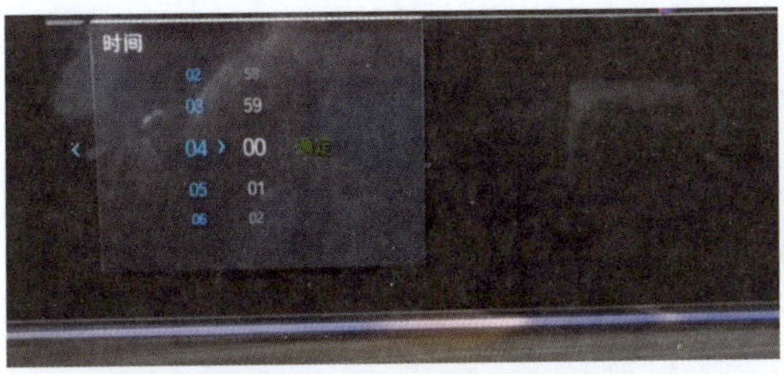

(5) 设置出发时间后，在出发前车辆充电完毕

(6) 选择“标准充电”功能

(7) 选择充电电流，有最大、中和小 3 种选择

(8) 也可以设置起始充电和终止充电时间

图 1-5　设置充电电流（续）

（6）车身温度准备：浸车预处理，使车身在规定温度内。测试驾驶员应该按车辆制造厂推荐的操作程序使动力蓄电池在正常运行温度下工作，具体要求如下：

① 常温测试前，应该在（25 ± 5）℃的常温环境中浸车 12～15 h。

② 高温测试前，应该在（25 ± 5）℃的常温环境中浸车 12～15 h，随后在（35 ± 3）℃的高温环境中浸车 0.5～1.0 h，高温环境浸车期间光照强度保持为（850 ± 45）W/m^2。

③ 低温测试前，应该在（−7 ± 3）℃的低温环境中浸车 12～15 h。在此期间，要求每小时平均环境温度应保持在（−7 ± 3）℃内；瞬时温度不得低于−13 ℃，也不得高于−1 ℃，且不得连续 3 min 低于−10 ℃或高于−4 ℃。

④ 高速等速测试前，应该在（25 ± 5）℃的常温环境中浸车至少 12 h。

2. 环境温度条件准备

室内测试分为常温、高温、低温、高速等速测试：

（1）在（25 ± 5）℃的常温下进行常温测试；

（2）在（35 ± 3）℃的温度条件下进行高温测试，测试过程中太阳辐射强度为（850 ± 45）W/m^2，以车顶最高点平面位置为基准设定，测试中开启空调制冷；

（3）在（−7 ± 3）℃的温度条件下进行低温测试，测试中开启空调制暖；

（4）在（25 ± 5）℃的常温下进行高速等速测试。

任务拓展

调研并讨论如何做好电池保养

电池使用 5 年后的容量，80%取决于车主使用情况。若做好对电池的养护，续航在 5 年内仅下降 20%。查找资料并回答以下问题：如何做好电池保养？请将答案上传线上课程讨论区。

任务工单

任务 1-1 续航试验准备工作工单

<table>
<tr><td>学生姓名</td><td></td><td>班级</td><td></td><td>任务成绩</td><td></td></tr>
<tr><td>新能源汽车续航里程影响因素</td><td colspan="5">为什么消费者实际的续航里程与车厂的官方数据有差异？</td></tr>
<tr><td>车辆铭牌和调整胎压</td><td colspan="5">分组到实车上找到车辆铭牌和标准胎压，并调整胎压至标准值，然后填写下表。每组派代表分享记录值
<table><tr><td>最大总质量</td><td colspan="3"></td></tr><tr><td>前轮胎型号</td><td></td><td>前轮胎压值</td><td></td></tr><tr><td>后轮胎型号</td><td></td><td>后轮胎压值</td><td></td></tr></table></td></tr>
<tr><td>充电步骤</td><td colspan="5">分组到实车上模拟充电步骤，每一位同学操作包括从开始到结束的步骤。记录操作过程中出现的问题和遇到的困难</td></tr>
<tr><td>续航里程测试准备工作</td><td colspan="5">先简要写出续航里程测试的前准备工作，然后分组到实车完成准备工作，老师在每组中随机抽取一名同学考核</td></tr>
</table>

任务 1-2　底盘测功机的使用

任务描述

底盘测功机是新能源汽车续航里程测试的重要设备，道路模拟都靠它。底盘测功机属于大型设备，操作比较复杂，而且目前高端的都属于进口设备，操作系统不一定有中文，本任务重点学习底盘测功机的构造和操作方法，主要是掌握操作系统的使用和道路模拟参数的确定方法。

任务目标

1. 了解底盘测功机的构造；
2. 掌握新能源汽车续航试验在底盘测功机上的设置方法。

相关知识

底盘测功机结构组成

底盘测功机（图 1-6）是新能源汽车续航里程测试的主要设备，它能够精确地模拟轻型汽车道路载荷实际工况，而且这种道路载荷可以通过计算机控制界面进行修改并设定，具有自动标定功能，满足技术要求规定相应的法规进行的检测，由中心控制计算机控制，能按照法规要求自动完成全过程的测量，完成整车性能测试、动力性测试、经济性测试、排放测试项目，并具有将测量结果存盘和打印图形曲线的功能。

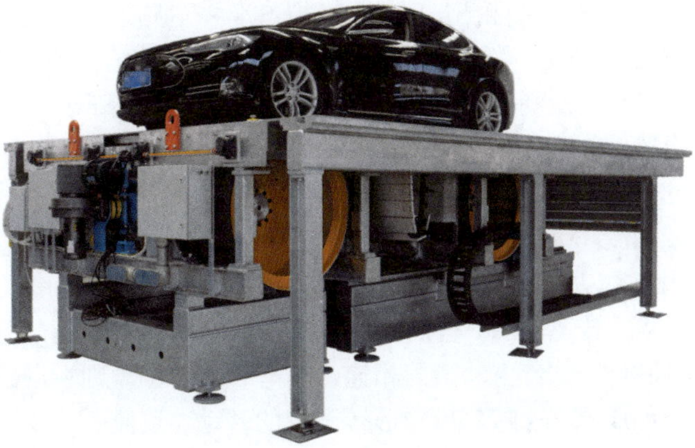

图 1-6　底盘测功机

底盘测功机以滚筒作为活动路面，用加载装置模拟汽车行驶的情况，测定汽车在各种车速下驱动轮上的驱动功率、传动系阻力及燃料消耗等。底盘测功机主要由滚筒装置、加载装置、测量装置组成。

<<< 1. 滚筒装置

支撑汽车两驱动轮的滚筒装置（图 1-7）均为双滚筒。滚筒通常采用钢制材料制成，空心结构。滚筒表面有光滑、滚花或涂层等多种形式。目前光滑式滚筒居多。由于光滑式滚筒表面摩擦系数较小，所以在光滑滚筒表面涂上一层涂料是种较理想的形式。

滚筒直径一般为 186～400 mm，随测试车速提高而增大。据有关实验，在较高测试车速下，轮胎的滚动阻力引起的能量损耗能达到传递功率的 15%～20%。当滚筒直径太小时，长时间在较高车速下运转会使轮胎温度升高，当胎面达到临界温度后会导致轮胎损坏。因此，当测试车速达 200 km/h 时，滚筒直径不应小于 350 mm。

图 1-7　底盘测功机滚筒装置

<<< 2. 加载装置

汽车在底盘测功机上进行性能测试时，要模拟汽车在道路上行驶时的各种阻力。汽车在道路上行驶时，受到的阻力有：汽车传动系阻力、车轮滚动阻力、空气阻力和加速阻力等。汽车在测试台上测试时，它受到的阻力有：汽车传动系阻力、测试台传动机构阻力、车轮与滚筒之间的接触阻力等。实际阻力与测试阻力不等，前者大于后者。这样必须要有加载装置，使汽车在测试台上的受力情况同道路上一样。在滚筒测试台上可用水力式、电力式或机械式测功器作为加载装置和测功装置。

目前多采用电涡流测功器（图 1-8）。电涡流测功器具有测量精度高、振动小和结构简单等优点，并具有较宽的转速范围。这种测功机主要由定子和转子两部分组成。转子周围装有激磁线圈，转子的轴与测试台主动滚筒相连，齿轮形的转子盘则在激磁线圈中转动。当激磁线圈通过直流电时形成磁场，随着齿轮形转子盘的转动，致使磁通量不断增减变化，因而在定子中产生涡电流，涡电流对转子盘产生制动作用的磁场，于是对主动滚筒造成一定的阻力矩。该阻力矩既吸收汽车驱动轮上的功率，又对滚筒进行加载。

图 1-8　电涡流测功器

3. 测量装置

测量装置包括测力装置、测速装置和功率指示装置。因为电涡流测功器不能直接测出汽车驱动轮的输出功率值，所以需要先测出旋转运动时的转速与转矩，或直线运动时的速度与牵引力，再换算成功率值，所以测量装置必须备有测力装置与测速装置。此外，在对汽车进行加速性能、滑行性能、燃油消耗量等的检测时，也要准确地表示其车速，也需要测速装置。

1）测力装置

测力装置测得的是滚筒轴上的转矩，经变换后才能得到作用在驱动轮上的切向力。在测功器的定子对其转子施加制动作用的同时，定子本身便受到大小相等方向相反的反作用力矩。由于定子是可摆动的，因此该力矩是由定子经一定长度的杆臂传给测力装置的，然后由仪表示出其具体数值。测力装置有液压测力装置、机械测力装置、电测力装置、电转矩仪等。

2）测速装置

汽车发动机的功率是不能由测功器直接测出的，而是根据测得的转矩和相应的车速经计算求出的。此外，汽车的速度也需要根据转速进行换算才能得到具体数值。测速装置一般是电测式的，由测速发电机和毫伏电压表组成，毫伏电压表的刻度为 r/min 和 km/h。利用直流发电机的电压与转速成正比的关系的测速装置，其精度约为 2%，且易受温度影响；而利用交流发电机的电压的测速装置，其精度较高，约为 1%，被广泛采用。

3）功率值标度

测力装置的指示值多以牛顿为单位，测得的是汽车驱动轮上的牵引力，所以汽车驱动轮的功率是根据牵引力与相应的车速算出的。

4. 辅助装置

1）举升装置

为方便被测车辆驶入和驶出底盘测功测试台，在主、副两滚筒中间装有举升装置。举升装置有气动、液动和电动三种形式，以气动式举升装置（图 1-9）为多见。

图 1-9　气动式举升装置

2）风冷装置

一般底盘测功测试台在汽车前面面对散热器设置有移动式风冷装置（图 1-10），以加强汽车检测时对发动机的冷却。

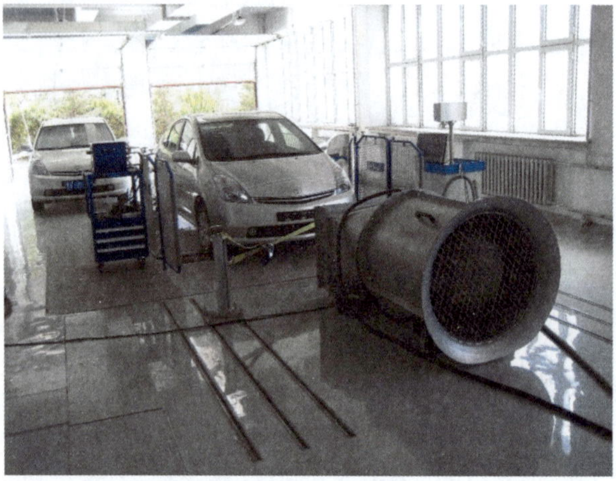

图 1-10　冷风装置

<<< 5. 控制系统

电气控制主要包括自动控制、校验调整装置和保护装置。改变定子线圈的电流，可以改变对转子的制动阻力矩。利用这一原理，能够很方便地实现自动控制。在测试时，控制的方法有两种，一种是定车速控制，另一种是定转矩控制。

定车速控制就是在测试前，利用控制盒上的旋钮选定一个测试车速，当达到这个测试车速后，如果驱动轮输出功率增大使得转速增高，测功机的控制系统能自动加大励磁线圈的电流，从而加大滚筒的阻力矩，使车速回到设定的数值。在整个测试过程中，车速会自动保持在设定的数值不变。

定转矩控制就是保持励磁线圈中的电流不变，因而给驱动轮施加的阻力矩也固定不变。当发动机输出功率增大的时候，车速会提高。

图 1-11 是底盘测功机控制室，图 1-12 是室内底盘测功机控制柜，图 1-13 是底盘测功机系统主控机界面。

图 1-11　底盘测功机控制室

图 1-12　室内底盘测功机控制机柜

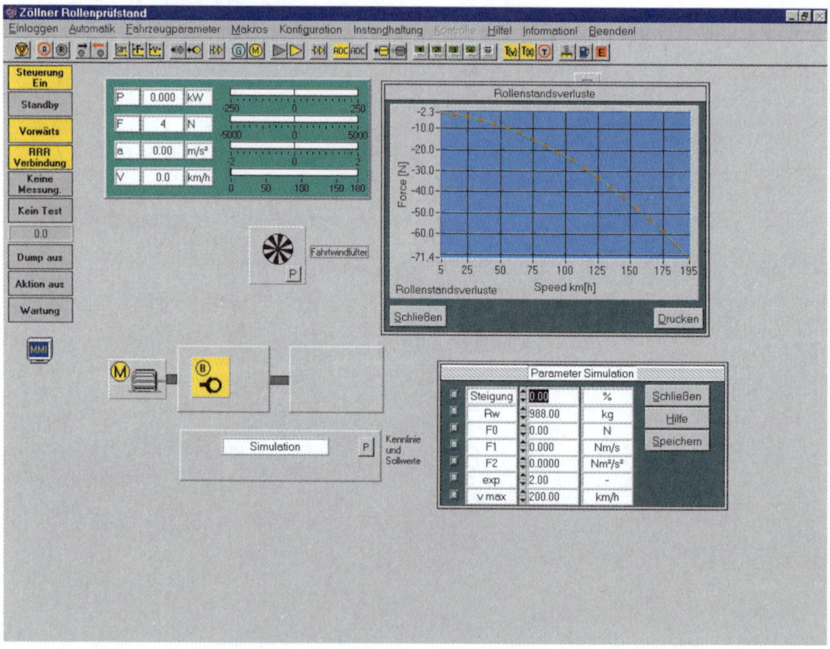

图 1–13　底盘测功机系统主控机界面

<<< 6. 引导系统

在测试员驾驶车辆测试时，需要按照指令控制车辆。为了方便测试员读取指令，一般会在车辆前面安装引导测试员操作的屏幕，即引导系统（图 1–14）。

图 1–14　引导系统（红框所示）

不同的道路测试对应着很多不同的工况，而不同工况中又对很多的参数变化有着严格的要求。很多工况都对测试车的车速变化有要求，比如要在一段时间内匀加速至 80 km/h 或者加速到 60 km/h 后维持一段时间的匀速运行。这样复杂严格的要求，对于经验不足的驾驶员或者频繁切换工况的测试是不小的挑战。引导系统软件可以预先设定参数曲线（图 1–15），测试开始后，驾驶员只需要跟随曲线的变化进行相应的操作就可以了。

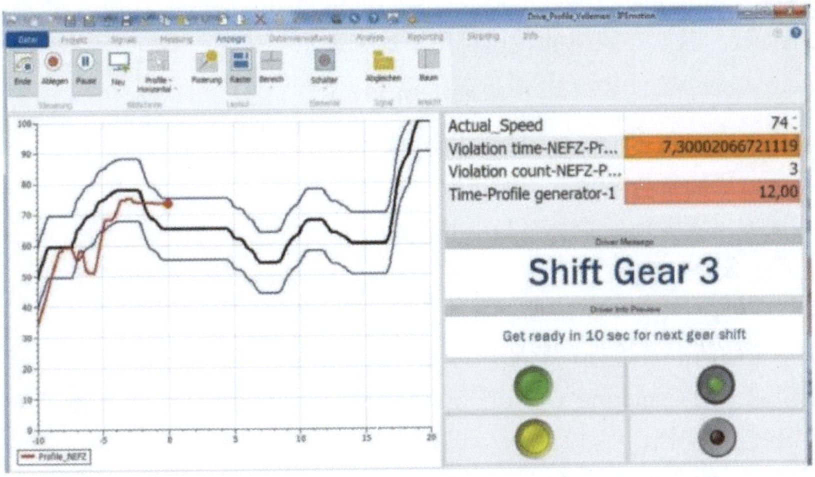

图 1–15　典型的引导系统软件界面

图 1–15 中，黑色线条是预设的参数变化曲线，黑色线条上下的蓝色线条是预设的公差带，红色的线条就是车辆实际的参数曲线。

任务实施

实训 2　底盘测功机认知

下面以奥地利 AVL48 底盘测功机为例介绍其使用方法。

1. 准备工作

1）系统启动

（1）启动 AVL 转鼓控制柜；

（2）启动 ABB 变频器；

（3）打开转鼓主控计算机；

（4）启动空气压缩机；

（5）启动 MMI 软件；

（6）打开风机控制柜电源开关；

（7）系统供电：按 AVL 转鼓控制柜的 Control on 按钮及 Reset 按钮。

2）MMI 软件的准备操作

（1）转鼓损失补偿：一般选用稳态损失测量。

（2）转鼓热机：一般选用时间控制热机，参数设置一般为：t =10 min，v =100 km/h。

（3）转鼓道路阻力参数的获取：一般有查表法和实验法。

① 查表法：依据《轻型汽车污染物排放限值及测量方法（中国第六阶段）》（GB 18352.6—2016）附录 C 中附件 CC 的规定进行设定。

② 实验法：将实验车在室外水平良好的道路上做一个滑行实验，获得 v–t 曲线，将该曲线输入到 MMI 软件菜单项中“Road load data”之下“Calculate street data V（t）”中，并

进行匹配滑行，计算道路阻力参数，将计算获得的道路阻力参数输入到参数设置界面。

（4）风机参数的获取：风机的转速可用下式来表示：

$$n=n_0+n_1v+n_2v^2 \tag{1-1}$$

式中：n_0——常数项，可根据需要设置，一般取5%；

n_1——速度 v 的常数系数，一般可取0.6～0.8；

n_2——速度二次方项的常数系数，其值非常小，一般取0。

3）测试车准备

（1）测试车固定前的准备：

① 测试车轮胎清洗及检查轮胎胎压；

② 按接口箱上的Centering Open按钮，将自动对中装置打开，并使测试车的驱动轮驶上转鼓，将档位挂至空档；

③ 按接口箱上的Centering Close按钮，自动对中装置举升，当举升至对中装置两侧及转鼓与驱动轮接触时松开该按钮；

④ 按住遥控器上的自动对中按钮，此时驱动轮会在转鼓上左右摆动直至稳定，稳定后松开对中按钮。

（2）测试车固定：

① 先固定非驱动轮，安装前挡板并拧紧固定螺栓；

② 安装非驱动轮的后挡板，并将前后挡板的连接带通过锁带压紧，拧紧非驱动轮后挡板的固定螺栓；

③ 将测试车前端的连接带连至拖车钩上并通过锁带压紧；

④ 安装尾气排烟管，并启动尾气排烟风机。

小知识

车辆固定安全操作

1. 定位车辆

将车辆缓慢驶入测功机平台，确保驱动轮正确位于测功机滚筒上，车辆位置要居中，避免偏斜。

2. 使用安全绳或带子紧固

对于某些车型，可以使用安全绳或带子进一步固定车辆。安全绳或带子应连接到车辆的坚固部位，并紧固在测功机框架上。

3. 特殊车型考虑

对于前轮驱动车辆，需要在前轮两侧安装大挡轮，防止车辆在测试时左右摆动。应确保车辆不会接触到测功机的举升板，特别是在高速测试时。

4. 检查固定情况

在开始测试前，再次检查所有固定措施是否到位且牢固，确保没有任何物品会干扰测试过程。

实训 3　汽车底盘输出功率测试

提示：先进行底盘测功机的预热、校定及测试车的固定，然后通过汽车性能测试软件进行相应参数的设定，并对测试过程进行控制。

汽车底盘输出功率测试包括底盘动态输出功率测试和底盘静态输出功率测试。

1. 底盘动态输出功率测试

（1）选择底盘动态输出功率测试程序：底盘动态输出功率测试程序选择如图 1-16 所示。

图 1-16　底盘动态输出功率测试程序选择图

（2）测试内容：测试车辆在某一档位、某一速度区间的动态功率。

（3）测试步骤：

① 设置测试参数：选择修正公式、速度区间、转速比、整车质量、档位、温度、压力等。

② 驾驶员将车提速，逐步挂档至设定档位，并保持车速稳定在设定最小速度 v_L 以下的某一车速。

③ 引导系统提示加速时，驾驶员应将油门踩到底，直至加速到设定最大速度 v_u 以上。

④ 引导系统提示空档滑行时，驾驶员将变速器摘到空档滑行，直到速度小于设定最小速度 v_L。

⑤ 引导系统提示将速度降为 0 时，驾驶员踩刹车，直至停车。

小知识

动态输出功率

动态输出功率是在模拟实际驾驶条件下的输出功率，它考虑了车辆在不同工况下的需求，如加速、巡航、爬坡等，因此更接近实际驾驶体验。

测试时，通过底盘测功机模拟行驶工况，测试员需要按引导系统的提示进行操作，期间会涉及车辆加减速和换档，这就要求测试员提前熟悉车辆操作，只有这样才能在测试中做到反应迅速。

2. 底盘静态输出功率测试

（1）选择底盘静态输出功率测试程序：底盘静态输出功率测试程序选择如图 1-17 所示。

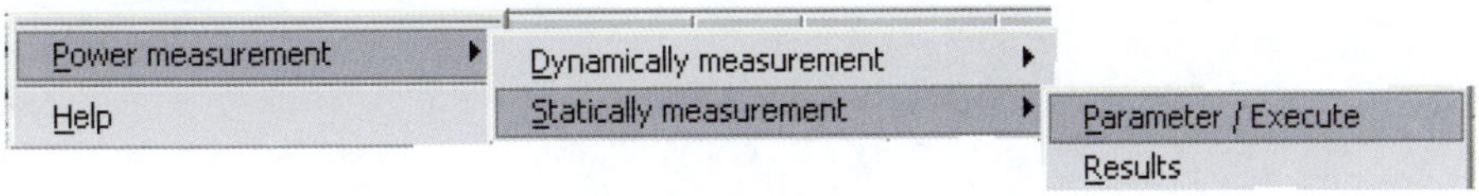

图 1-17　底盘静态输出功率测试程序选择图

（2）测试内容：测试车辆在某一档位、某一速度区间的静态功率。

（3）测试步骤：

① 设置测试参数：加速度、到达第一个速度点的提前值、稳定车速波动范围、稳定力波动范围等。

② 其余步骤：与动态功率测试基本相同，只是在加速过程中速度被转鼓控制在每个设置的速度点上。

小知识

测试方法

静态输出功率是指在发动机没有附加负载的情况下能够输出的最大功率。

测试时，将底盘测功机置于道路模拟状态。道路载荷系数（f_0、f_1及f_2）取 0 值，选择底盘静态输出功率测试模式，测试员按系统引导提示进行操作即可。

静态输出功率主要用于理论分析和设计，可帮助工程师了解发动机在最佳状态下的性能表现，它决定了车辆在理论上能够达到的最高加速性能。

3. 注意事项

（1）底盘输出功率测试时，不进行道路参数设置，f_0、f_1及f_2取 0 值。

（2）动态功率测试时，带 losses 测试在空档滑行时会按速度间隔减速，而不带 losses 测试则在空档滑行时要迅速减速，直至停车。

（3）静态功率测试时，带 losses 测试在空档滑行时会逐步减速，而不带 losses 测试则在空档滑行时要迅速减速，直至停车。

任务拓展

查找理想汽车 L9 车型转鼓的道路阻力参数

请依据《轻型汽车污染物排放限值及测量方法（中国第六阶段）》（GB 18352.6—2016），查找理想汽车 L9 车型转鼓的道路阻力参数，并将答案上传线上课程讨论区。

任务工单

任务 1–2 底盘测功机的使用工单

学生姓名	胡乐	班级	北汽2301	任务成绩	
底盘测功机简介	汽车底盘测功机组成部分有哪些？ 传动系统、制动系统、转向系统和悬架系统				
软件准备工作	分组到实验室完成底盘测功机的软件准备工作，并将步骤记录下来： 先启动 相应的测试软件 然后设置参数，连接设备，检查系统有没有异常运行，做好记录				
测试车准备工作	分组到实验室完成底盘测功机的测试车准备工作，并将步骤记录下来： 先检查车辆状态、比如轮胎气压，机油还有新胎护档等，然后启动车辆，按照规程操作检查仪表盘数据，记录相关信息。				
底盘输出功率测试	先简要写出底盘输出功率测试的操作步骤，然后观看老师的操作演示：				

任务 1–3　续航试验

任务描述

在本任务中，首先介绍 CLTC–P 工况，因为续航试验是以 CLTC–P 工况为基础的；然后介绍 4 种新能源汽车续航里程测试项目，即常温测试、高温测试、低温测试、高速等速测试，这些测试主要针对环境温度对续航的影响。

任务目标

1. 了解 CLTC–P 工况的构成和标准；
2. 掌握新能源汽车续航试验方法。

相关知识

CLTC–P 工况与结束测试循环标准

1. CLTC–P 工况

新能源汽车续航里程测试分为：常温测试、高温测试、低温测试、高速等速测试。测试过程中，应该选用最经济的行驶模式进行续航里程和能量消耗率的测试，但要求在此模式下车速能跟上 CLTC–P 工况曲线（图 1–18）。若跟不上该曲线，则采用其他能跟上此曲线的行驶模式。

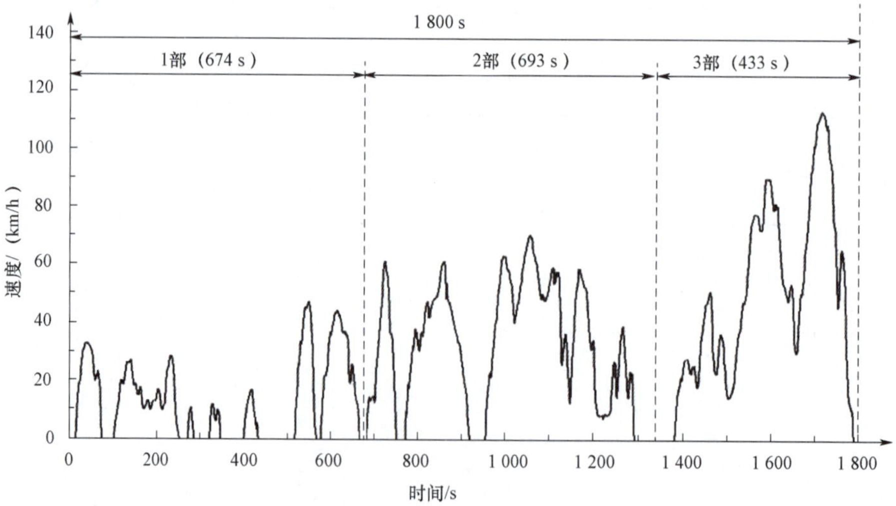

图 1–18　CLTC–P 工况曲线

CLTC-P（China light-duty vehicle test cycle-passenger）是 CATC（China automotive test cycle）中乘用车部分，是基于 41 座城市、3 832 辆车，累计 3 278 万 km、20 亿条 GIS 交通低频动态大数据定义的标准工况。CLTC 更真实地反映了具有中国特色的工况要求，具体有以下几方面优点：

——更为合理的平均车速和最高车速定义；

——更为宽泛的驾驶工况；

——更为合理的停车模式比例；

——更为丰富的动态加减速工况。

实际测试时，工况曲线会在引导系统中引导测试员控制车辆。

2. 结束测试循环的标准

车辆实际速度和测试循环规定的速度之间的允许公差如下：

（1）公差上限：+2.0 km/h，时间在 ± 1.0 s 之内；

（2）公差下限：−2.0 km/h，时间在 ± 1.0 s 之内。

在每个行驶循环中，允许超出公差范围的累计时间应不超过 4 s，在测试报告中应注明超出公差的总时间。

按规定的 CLTC-P 工况测试循环时，注意事项如下。

（1）对最高车速大于或等于 114 km/h 的测试车辆，当不能满足图 1-19 所规定的公差要求时，应停止测试。

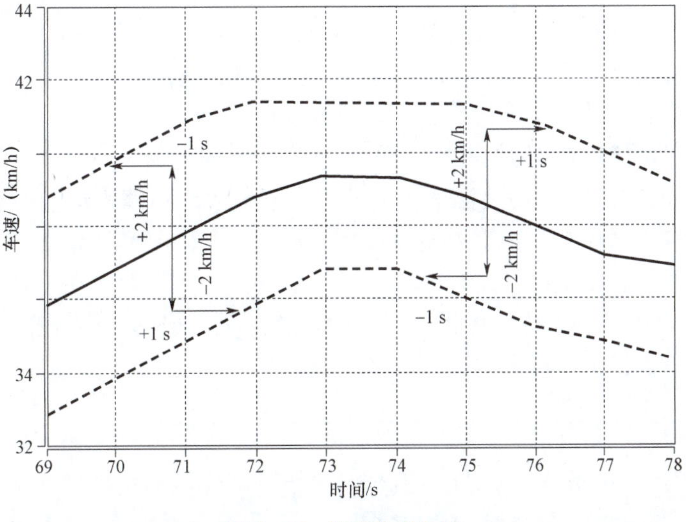

图 1-19　速度曲线公差

（2）对于最高车速小于 114 km/h 的车辆，在目标工况车速大于车型申报最高车速时，将目标工况相应速度基准曲线调整为车辆申报最高车速，此时要求驾驶员将加速踏板踩到底，允许车辆实际车速超过图 1-19 所规定的公差上限；当不能满足图 1-19 所规定的公差下限时，应停止测试。在目标工况车速小于或等于车型申报最高车速时，若不能满足图 1-19 所规定的公差要求，应停止测试。

（3）进行高速等速测试时，当车辆的行驶速度达不到 90 km/h 时，停止测试。

（4）达到测试结束条件时，档位保持在原行驶档位，使车辆滑行至最低稳定车速或 5 km/h，再踩下制动踏板进行停车。

任务实施

实训 4　道路负荷和车辆的设定

1. 道路负荷的设定

（1）常温、高速、高温续航里程测试行驶阻力设定：按照《轻型汽车污染物排放限值及测量方法（中国第六阶段）》（GB 18352.6—2016）附录 C 中附件 CC 的规定进行设定。

（2）低温续航里程测试行驶阻力设定：将常温续航里程测试中的底盘测功机阻力值的 *A*、*B*、*C* 乘 1.1，作为低温续航里程测试中的底盘测功机阻力设定。

2. 车辆的设定

1）高温续航试验空调设定

测试循环开始时，空调需要设置到内循环吹面模式，可以按照车辆生产企业指定的温度及风量设置方案进行空调设定，使车内测试点的平均温度尽快达到 25 ℃以下，之后到测试结束期间应尽量保持在不高于 25 ℃且不低于 23 ℃的范围内。若车辆生产企业没有提交明确操作要求，则按以下步骤操作。

（1）对于自动控制式空调，设定为“自动模式”，温度设定为最低，空气循环开关设置为内循环及吹面模式；对于有强制预设模式的自动空调，以自动空调本身预设置为准，不能满足要求时可切换到手动模式进行控制。车内温度达到 25 ℃后，调节温度旋钮，使车内测试点的平均温度尽量保持在不高于 25 ℃且不低于 23 ℃的范围内。

（2）对于手动控制式空调，将温度调节开关置于最大冷却模式位置；将风量调节开关置于最大档位；将空气循环开关置于内循环及吹面模式。车内温度达到 25 ℃后，将风量调节开关置于中档，调节温度旋钮，使车内测试点的平均温度尽量保持在不高于 25 ℃且不低于 23 ℃的范围内。对于具有中排、后排出风口的车辆，关闭或封闭中排和后排出风口。前排出风口开度置于最大，出风口方向置于中间位置。

注意

测试过程中，以不低于 1 Hz 的采集频率实时连续记录车辆乘员舱内测试点的温度变化，温度测试点的分布如图 1-20 所示，在前排座椅每个乘员座布置温度测量点。

（1）对于纵向可调节的座椅，应使座椅位于行程的中间位置或最接近于中间位置的向后位置锁止。

（2）对于高度可以单独调节的座椅，应调整至制造厂设计位置或最低位置。

（3）座椅靠背角应调整至制造厂设计角度或从铅垂面向后倾斜 25° 的位置。

计算并监测所有测试点平均温度，记录该平均温度初次达到 25 ℃的时间。之后到测试结束期间，要求该平均温度每 10 min 的平均值保持在不高于 25 ℃且不低于 21 ℃

的范围内，每 1 min 的平均值不得高于 28 ℃且不得低于 20 ℃。

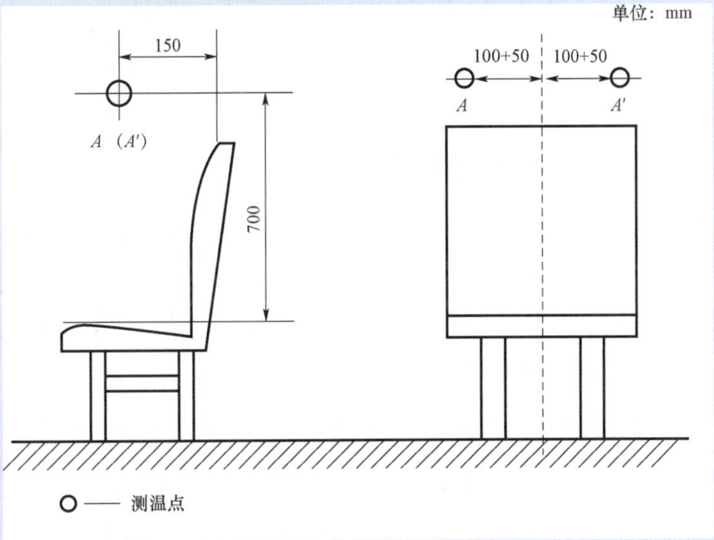

图 1-20　温度测试点位置

2）低温续航试验空调设定

测试循环开始时，空调需要设置到外循环及吹脚模式，可以按照车辆生产企业指定的温度及风量设置方案进行空调设定，使车内测试点的平均温度尽快达到 20 ℃以上，之后到测试结束期间应尽量保持在不高于 22 ℃且不低于 20 ℃的范围内。若车辆生产企业没有提交明确操作要求，则按以下步骤操作。

（1）对于自动控制式空调，设定为“自动模式”，温度设定为最高，空气循环开关置于外循环及吹脚模式；对于有强制预设模式的自动空调，以自动空调本身预设置为准，不能满足要求时可切换到手动模式进行控制。车内温度达到 20 ℃后，调节温度旋钮，使车内测试点的平均温度尽量保持在不高于 22 ℃且不低于 20 ℃的范围内。

（2）对于手动控制式空调，将温度调节开关置于最大加热模式位置；风量调节开关置于最大档位；空气循环开关置于外循环及吹脚模式。车内温度达到 20 ℃后，将风量调节开关置于中档，调节温度旋钮，使车内测试点的平均温度尽量保持在不高于 22 ℃且不低于 20 ℃的范围内。

（3）对于具有中排、后排出风口的车辆，关闭或封闭中排和后排出风口。前排出风口开度置于最大，出风口方向置于中间位置。

注意

测试过程中，以不小于 1 Hz 的采集频率实时连续记录车辆乘员舱内测试点的温度变化（温度测试点的分布参见图 1-20），计算并监测所有测试点的平均温度，记录该平均温度初次达到 20 ℃的时间。之后到测试结束期间，要求该平均温度每 10 min 的平均值保持在不高于 24 ℃且不低于 20 ℃的范围内，每 1 min 的平均值不得高于 25 ℃且不得低于 17 ℃。

实训 5 续航试验与续航里程估计

1. 常温续航试验

（1）按照要求对动力蓄电池进行初次充电。

（2）在动力蓄电池充电结束后的 12 h 内，按要求进行浸车预处理。

（3）浸车完成后，进行 CLTC-P 工况法条件下的续航里程测试至测试循环结束，记录测试车辆驶过的距离 D_N，单位用千米（km）来表示，将测量值按四舍五入圆整到整数；同时记录所用时间，单位用小时（h）来表示。应该在报告中给出车辆运转测试循环期间所达到的最高车速、平均车速和行驶时间。

注意

在每两个步骤执行之间，如果需要移动车辆，不允许使用车上的动力将车辆移动到下一个测试地点，且确保再生制动系统未起作用。

2. 高温续航试验

（1）按照要求对动力蓄电池进行初次充电。

（2）在动力蓄电池充电结束后的 12 h 内，按要求进行浸车预处理。

（3）浸车完成后，进行 CLTC-P 工况法条件下的续航里程测试至测试循环结束，按要求设定空调，记录测试车辆驶过的距离 D_H，单位用千米（km）来表示，将测量值按四舍五入圆整到整数；同时记录所用时间，单位用小时（h）来表示。应该在报告中给出车辆运转测试循环期间所达到的最高车速、平均车速和行驶时间。

注意

在每两个步骤执行之间，如果需要移动车辆，不允许使用车上的动力将车辆移动到下一个测试地点，且确保再生制动系统未起作用。

3. 低温续航试验

（1）按照要求对动力蓄电池进行初次充电。

（2）在动力蓄电池充电结束后的 12 h 内，按要求进行浸车预处理。

（3）浸车完成后，进行 CLTC-P 工况法条件下的续航里程测试至测试循环结束，按要求设定空调，记录测试车辆驶过的距离 D_L。

注意

在每两个步骤执行之间，如果需要移动车辆，不允许使用车上的动力将车辆移动到下一个测试地点，且确保再生制动系统未起作用。

<<< 4. 高速等速续航试验

（1）按照要求对动力蓄电池进行初次充电。

（2）在动力蓄电池充电结束后的 12 h 内，按要求进行浸车预处理。

（3）浸车完成后，进行 100 km/h 等速的续航里程测试至测试循环结束，记录测试车辆驶过的距离 D_S，单位用千米（km）来表示，将测量值按四舍五入圆整到整数，该距离即为高速等速法测量的续航里程。同时记录所用时间，单位用小时（h）来表示。

注意

（1）在每两个步骤执行之间，如果需要移动车辆，不允许使用车上的动力将车辆移动到下一个测试地点，且确保再生制动系统未起作用。

（2）测试过程中允许停车两次，每次停车时间不允许超过 2 min，触发测试结束条件时及时停止测试。记录测试期间测试车辆的停车次数和停车时间。

<<< 5. 能量消耗率的计算与续航里程估计

每项测试完成后，均须在规定的时间内将车辆与充电设备连接，按照充电规范为车辆的动力蓄电池充满电。在电网和充电设备之间串联或并联能量测量装置，测量充电期间来自电网的电能 E，单位用千瓦时（kW·h）表示，将测量值按四舍五入圆整到整数。如果电网断电，其断开的时间应该根据停电时间，适当延长相应充电时间。车辆制造厂和认证测试室的技术服务部门应该探讨充电的有效性。

1）能量消耗率的计算

应该使用式（1–2）计算能量消耗率 C，单位用〔(kW·h)/100 km〕表示，结果保留至小数点后两位：

$$C=(E/D)\times 100 \qquad (1\text{–}2)$$

式中：E——充电期间来自充电设备的能量，kW·h；

D——测试期间行驶的总距离，即续航里程，km。

2）续航里程下降率的计算

（1）高温续航里程下降率：$[(D_N-D_H)/D_N]\times 100\%$，百分比精确到小数点后一位；

（2）低温续航里程下降率：$[(D_N-D_L)/D_N]\times 100\%$，百分比精确到小数点后一位；

（3）高速续航里程下降率：$[(D_N-D_S)/D_N]\times 100\%$，百分比精确到小数点后一位。

式中：D_N——常温续航里程测试期间行驶的总距离，即常温续航里程，km；

D_H——高温续航里程测试期间行驶的总距离，即高温续航里程，km；

D_L——低温续航里程测试期间行驶的总距离，即低温续航里程，km；

D_S——高速等速续航里程测试期间行驶的总距离，即高速等速续航里程，km。

3）续航里程估计准确度的计算

在新能源汽车实际使用中，通常都不是很信任表显续航里程，因为续航里程的预测是很难准确的，通常与温度有关。为了衡量续航里程估计准确度，常用续航里程准确度确定系数来反映表显续航里程与实际剩余续航里程之间的偏差情况，偏差越小，驾驶员越安心。以表显剩余里程为观测值，用 y_i 表示；以实际剩余里程为回归值，用 $\hat{y}_i$ 表示。

则续航里程准确度确定系数应该使用式（1–3）计算：

$$R^2 = 1 - \frac{\sum (y_i - \hat{y}_i)^2}{\sum (y_i - \overline{y})^2} \tag{1-3}$$

式中：R^2——续航里程准确度确定系数，结果保留至小数点后四位；

y_i——仪表显示剩余里程，km。以续航里程测试过程中每个工况循环结束时仪表盘显示为准，保留至整数位，无显示则计为 0；

$\hat{y}_i$——实际剩余里程，km。即记录对应仪表显示剩余里程（ y_i ）时车辆完成续航里程测试所行驶的实际里程，保留至整数位；

$\overline{y}$——仪表显示剩余里程平均值，km，保留至整数位。

续航里程估计数学模型如图 1–21 所示，其横坐标为循环工况次数。

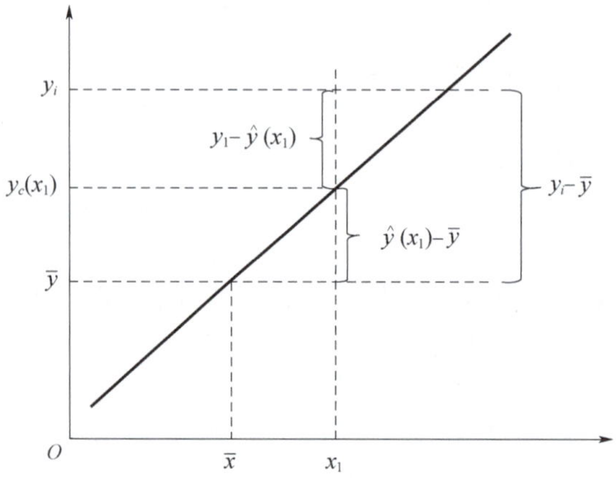

图 1–21　续航里程估计数学模型

任务拓展

不同续航试验方法比较

新能源汽车的续航，是用户普遍关注的参数。现在网络上有许多续航试验的视频。请选一个视频并与 CLTC–P 工况比较，看各有哪些优缺点，并将答案上传线上课程讨论区。

任务工单

任务 1-3 续航试验工单

学生姓名		班级		任务成绩	
CLTC-P 工况	根据网上查找的资料算出 CLTC-P 工况 1、2、3 部分各行驶了多少距离。 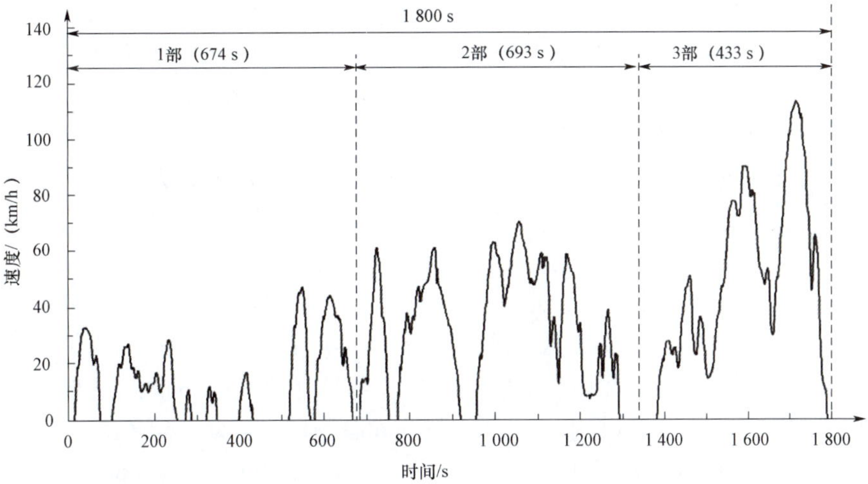 				
高温续航试验空调设定	分组到测试车上完成高温续航试验空调设定，并将步骤记录下来：				
低温续航试验空调设定	分组到测试车上完成低温续航试验空调设定，并将步骤记录下来：				
续航试验操作步骤	先简要写出续航试验的主要操作步骤，然后观看老师的操作演示：				

理论测验

1. 本项目中采用的是哪种续航试验标准？

   A. NEDC（New European driving cycle）

   B. CLTC（China light-duty vehicle test cycle）

   C. WLTP（Worldwide harmonized light vehicles test procedure）

   D. EIA（European internal assessment）

2. 当测试新能源汽车的最大续航里程时，以下哪种因素不会直接影响测试结果？

   A. 车辆的总质量　　B. 驾驶者的体重

   C. 车内空调的使用　　D. 轮胎的压力

3. 为了模拟真实的驾驶条件，CLTC-P 工况测试周期分为几个不同的速度区间？

   A. 2 个　　B. 3 个

   C. 4 个　　D. 5 个

4. 在进行新能源汽车的实际续航试验时，以下哪一项不是必需的步骤？

   A. 将所有非必要的电子设备关闭　　B. 在特定的温度条件下进行测试

   C. 记录车辆的起始和结束电量　　D. 保持恒定的速度行驶

5. CLTC-P 续航试验中，总测试时间和总测试里程分别是多少？

   A. 1 500 s，12.5 km　　B. 2 000 s，16.0 km

   C. 1 800 s，14.48 km　　D. 2 100 s，18.0 km

项目2
新能源汽车充电试验

在新能源汽车使用过程中，可能会用到不同充电设施来充电，也可能会出现汽车不能正常充电或者充电临时中断等一系列问题，或者遇到车和充电桩不匹配导致无法给车充电的情况。造成这些问题的原因，有部分就是车辆充电设备兼容性不好。本项目中，首先学习如何使用充电桩，然后学习如何做充电兼容性试验、充电速率试验。

学习目标

知识目标

1. 了解充电桩的结构和原理；
2. 掌握新能源汽车充电兼容性试验步骤；
3. 掌握新能源汽车充电速率试验步骤。

技能目标

1. 能安全规范地操作充电桩；
2. 能解决客户关于充电兼容性的故障。

工作任务

任务 2-1　充电桩的使用；
任务 2-2　新能源汽车充电兼容性试验；
任务 2-3　新能源汽车充电速率试验。

任务 2-1　充电桩的使用

任务描述

新能源汽车充电桩品牌比较多，一般分为 2 类：直流充电桩和交流充电桩，其工作原理、结构和使用方法也存在差异。本任务先来学习充电桩的使用方法。

任务目标

1. 了解直流充电桩和交流充电桩的工作原理；
2. 掌握直流充电桩的使用方法。

相关知识

新能源汽车充电系统（图 2-1）主要包括充电柱、充电接口、动力电池、功率控制器及高压电缆等，其中充电桩又分为交流充电桩和直流充电桩。

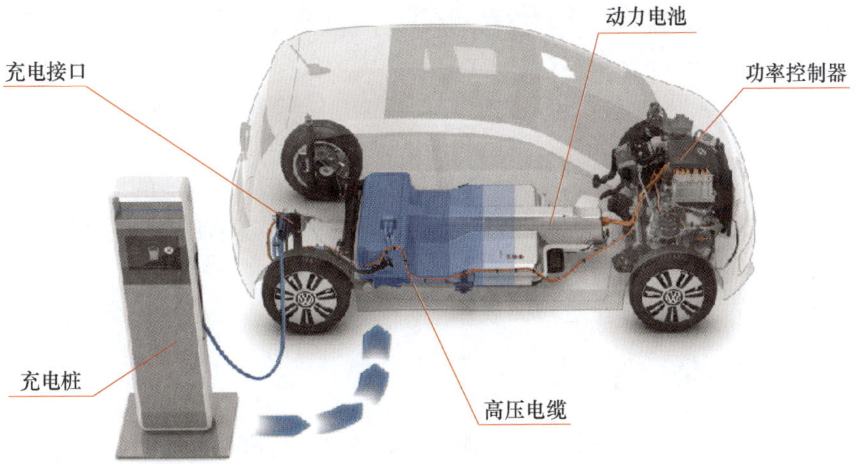

图 2-1　新能源汽车充电系统的组成

2-1-1　交流充电桩

交流充电桩简称交流桩，是一种把新能源汽车直接连接到交流电网（电源）侧的专用设备，并且安装了控制导引装置，保证充电桩和新能源汽车之间可靠连接及充电安全；同时，也集成了人机交互系统、收费管理系统、本地和远程通信接口等功能模块，方便人们对该专用设备进行使用和管理。交流充电桩只提供电力输出，没有充电功能，需连接车载充电机为新能源汽车充电，相当于只是起了一个控制电源的作用。由于需要借助车载充电机来充电，而车载充电机的功率并不大，所以不能实现快速充电。

<<< 1. 充电接口的组成

充电接口（图 2–2）是用于连接活动电缆和新能源汽车的充电部件，主要由充电插座与充电插头两部分组成。

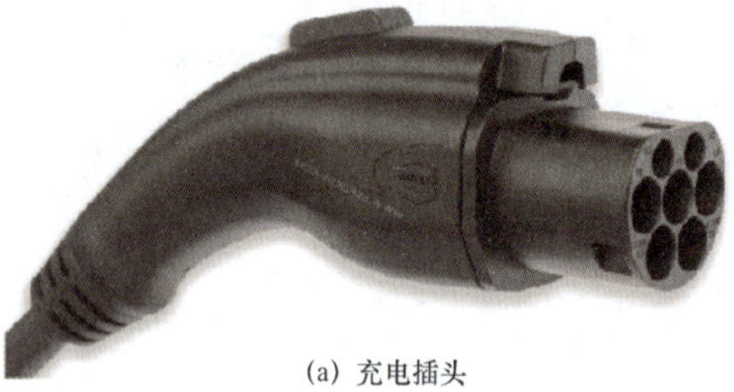

(a) 充电插头

(b) 充电插座

图 2–2　充电接口的组成

<<< 2. 充电接口的要求

在新能源汽车的产业化过程中，充电接口的标准化非常重要。充电接口应该满足以下几方面要求：

（1）能够实现较大电流的传输和传导，避免由于电流过大引起充电插座发热和故障。

（2）充电插头能够与充电插座充分耦合，接触电阻小，以免接触不良引起火花烧蚀或虚接。

（3）能够实现必要的通信功能，方便新能源汽车 CAN 通信或者电池管理系统与充电机对接。

（4）具备防误插功能。新能源汽车因为使用的充电设备或者电池的型号和性能不同，所需要的电源不一样。同时，各充电插头的性能也不同，所以充电插头的电极不能插错。这就要求不同的电源插头要有一定的防误插功能。

（5）具备合理的外形，方便进行插拔作业。

<<< 3. 充电接口的标准

对于充电接口，世界不同国家和不同地区都有各自的标准，目前中、美、欧三大充电接口标准成为主要标准。中国的《电动汽车传导充电用连接装置　第 2 部分：交流充电接口》（GB/T 20234.2—2023）规定了交流充电接口与直流充电接口的标准，交流充电接口采用的是七针设计，如图 2–3 所示。

<<< 4. 交流充电工作原理

利用车载充电器对新能源汽车充电，充电过程如下：

1）确认连接状态

（1）将充电插头和充电插座插合后，车辆可以自动启动某种触发条件，通过互锁或者其他控制措施使车辆处于不可行驶状态。

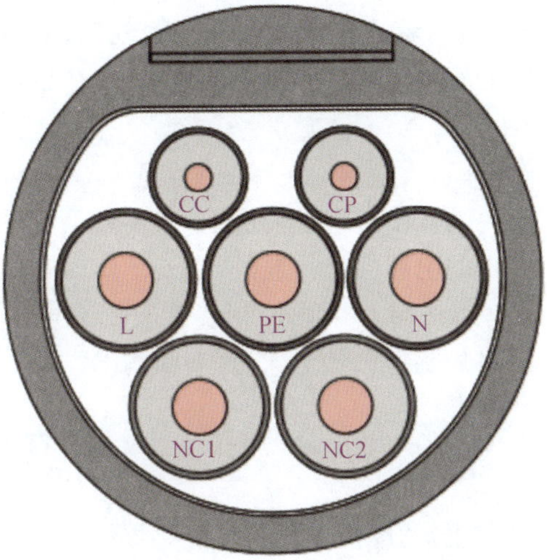

触头编号	功能定义
L	交流电源（单相/三相）
NC1	交流电源（三相）
NC2	交流电源（三相）
N	中线（单相/三相）
PE	保护接地，连接供电设备地线和车辆电平台
CC	充电连接确认
CP	控制导引

图 2-3　交流充电接口标准

（2）新能源汽车车辆控制装置通过测量图 2-4 中检测点 3 与 PE 之间的电阻值，判断充电插头与充电插座是否已完全连接。

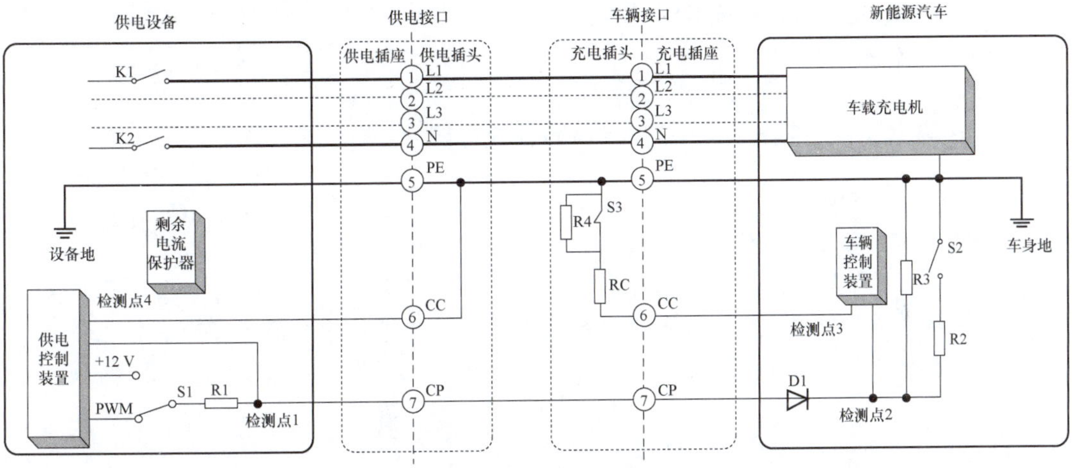

图 2-4　交流充电原理图

（3）在操作人员对供电设备完成充电启动设置后，如果供电设备无故障，并且供电接口已完全连接，则闭合 S1，供电控制装置发出 PWM 信号，新能源汽车车辆控制装置通过测量图 2-5 中检测点 2 的 PWM 信号，判断充电连接装置是否已完全连接。

2）设定参数

（1）在新能源汽车和供电设备建立电气连接及车载充电机完成自检后，通过测量图 2-5 中检测点 2 的 PWM 信号确认充电额定电流值；车载充电机给新能源汽车控制装置发送充电感应请求信号，同时或延时后给车辆控制装置供电；根据充电协议进行信息确认，若需充电则新能源汽车控制装置发送需充电报文并控制充电接触器闭合，车载充电机按所需功率输出。

（2）车辆控制装置通过判断图 2-4 检测点 2 的 PWM 信号占空比确认供电设备当前能提供的最大充电电流值；车辆控制装置对供电设备、充电连接装置及车载充电机的额定输入电流值进行比较，将最小值设定为车载充电机当前最大允许输入电流；当判断充电连接装置已完全连接，并完成车载充电机最大允许输入电流设置后，车辆控制装置控制图 2–5 中的 K1、K2 闭合，车载充电机开始对新能源汽车进行充电。

3）充电

（1）在充电过程中，车辆控制装置可以对图 2–4 中检测点 3 的电压值及 PWM 信号占空比进行监测，供电控制装置可以对图 2–4 中检测点 1 的电压值进行监测。

（2）当充电完成或者因为其他原因不满足充电条件时，车辆控制装置发出充电停止信号给车载充电机，车载充电机停止直流输出、CAN 通信和低压辅助电源输出。

2–1–2 直流充电桩

直流充电桩利用国家电网专用标准充电接口为新能源汽车提供直流电能，提供人机操作界面，具有相应的控制、计费、扣费、通信功能和保护功能。直流充电桩由三相 380 V 交流电经过 EMC 等防雷滤波模块后进入三相四线制电表中，三相四线制电表监控整个充电机工作时的实际充电电量。充电机输出经过充电枪直接给动力电池充电。直流充电桩包含辅助电源、显示模块、充电功率模块、保护控制单元、信号采集单元及刷卡模块等，在动力电池充电过程中，辅助电源给电池管理系统 BMS 供电，由电池管理系统 BMS 实时监控动力电池的状态。

最新科技

液冷直流充电桩

液冷直流充电桩（图 2–5），就是在电缆和充电枪之间设置一个专门的液体循环通道，通道内加入起散热作用的冷却液，通过动力泵推动冷却液循环，从而把充电过程中产生的热量带出来。另外，液冷充电桩采用液冷充电模块，液冷充电模块正面及背面无任何风道，仅靠液冷板内部循环的冷却液与外界进行热交换。因为不与外部进行接触，液冷充电桩的安全性更高，同时水冷相比于传统的风冷，降温更快且噪声也小。

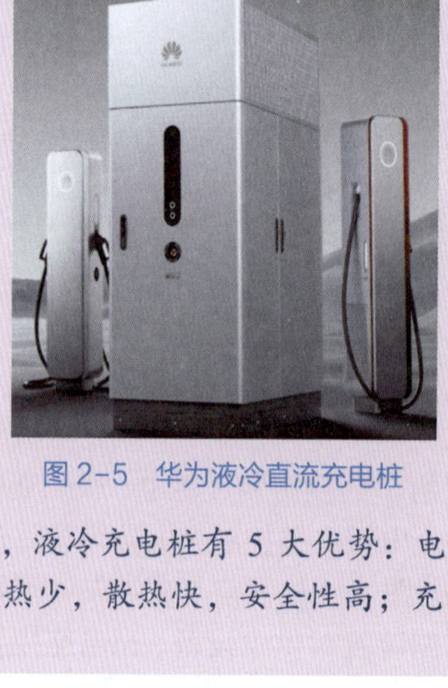

图 2–5 华为液冷直流充电桩

相比普通的风冷充电桩，液冷充电桩有 5 大优势：电流更大，充电速度快；枪线更轻，充电装备重量轻；发热少，散热快，安全性高；充电噪声小，防护等级更高；更长的生命周期。

1. 充电接口标准

因为直流充电一般是快充设计，所以充电插头大些，针脚也粗些。中国的《电动汽车传导充电用连接装置　第 3 部分：直接充电接口》(GB/T 20234.3—2023) 规定了交流与直流接口的标准，直流接口采用的是 9 针的设计，如图 2-6 所示。

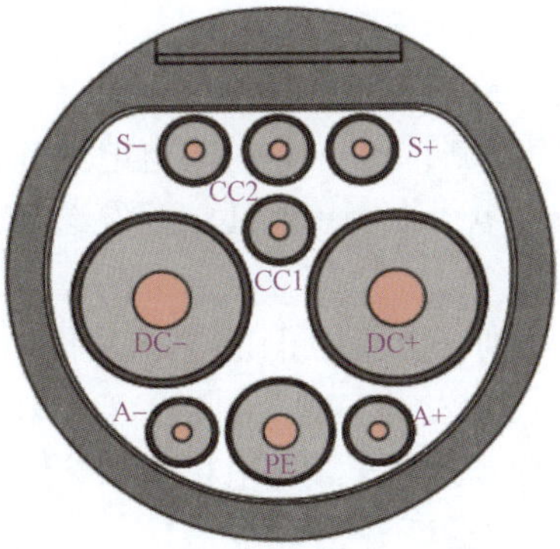

触头编号	功能定义
DC+	直流电源正，连接直流电源正与电池正极
DC−	直流电源负，连接直流电源负与电池负极
PE	保护接地，连接供电设备地线和车辆电平台
S+	充电通信 CAN_H，连接非车载充电机与新能源汽车的通信线
S−	充电通信 CAN_L，连接非车载充电机与新能源汽车的通信线
CC1	充电连接确认
CC2	充电连接确认
A+	低压辅助电源正，连接非车载充电机为新能源汽车提供的低压辅助电源
A−	低压辅助电源负，连接非车载充电机为新能源汽车提供的低压辅助电源

图 2-6　直流充电接口标准

2. 直流充电工作原理

利用直流充电桩对新能源汽车充电，充电过程如下：

(1) 将充电插头和充电插座插合后，车辆的总体设计方案可以自动启动某种触发条件，通过互锁或者其他控制措施使车辆处于不可行驶状态。

(2) 操作人员对非车载充电机进行充电设置后，非车载充电机控制装置通过测量检测点 1 的电压值判断车辆插头与车辆插座是否已完全连接，如果图 2-7 中检测点 1 的电压值为 4 V，则判断车辆接口完全连接，非车载充电机控制电子锁锁止。

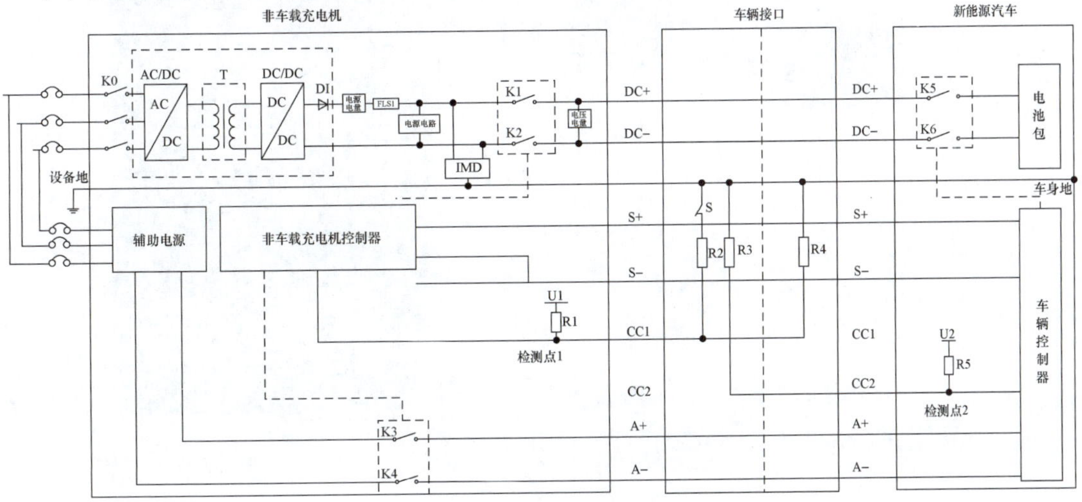

图 2-7　直流充电原理图

（3）在车辆接口完全连接后，如非车载充电机完成自检，则闭合接触器 K3 和 K4，使低压辅助供电回路导通，同时开始周期发送充电机辨识报文；在得到非车载充电机提供的低压辅助电源供电后，车辆控制装置通过测量检测点 2 的电压值判断车辆接口是否已完全连接；如果检测点 2 的电压值为 6 V，则车辆控制装置开始周期发送车辆控制装置（或电池管理系统）辨识报文，该信号也可以作为车辆处于不可行驶状态的触发条件之一。

（4）车辆控制装置与非车载充电机控制装置通信，完成握手和配置后，车辆控制装置闭合接触器 K5 和 K6，使充电回路导通，车载充电机控制装置闭合接触器 K1 和 K2，使直流供电回路导通。

（5）在整个充电阶段，车辆控制装置通过向非车载充电机控制装置实时发送充电级别需求来控制整个充电过锃，非车载充电机控制装置根据电池充电级别需求来调整充电电压和充电电流以确保充电正常进行。此外，车辆控制装置和非车载充电机控制装置还相互发送各自的状态信息。

（6）车辆控制装置根据电池系统是否达到满充状态或收到充电机中止充电报文来判断是否结束充电。在满足充电结束条件时，车辆控制装置开始周期发送车辆控制装置（或电池管理系统）中止充电报文，在一定时间后断开接触器 K5 和 K6；非车载充电机控制装置开始周期发送充电机中止充电报文，并控制充电机停止充电，之后断开接触器 K1、K2、K3 和 K4，然后电子锁解锁。

小知识

交直流一体充电桩

近年来，出现了交直流一体充电桩（图 2-8），这是一种集成了交流充电和直流充电功能的设备，不同的车辆可根据自身需求，选择合适的充电方式。

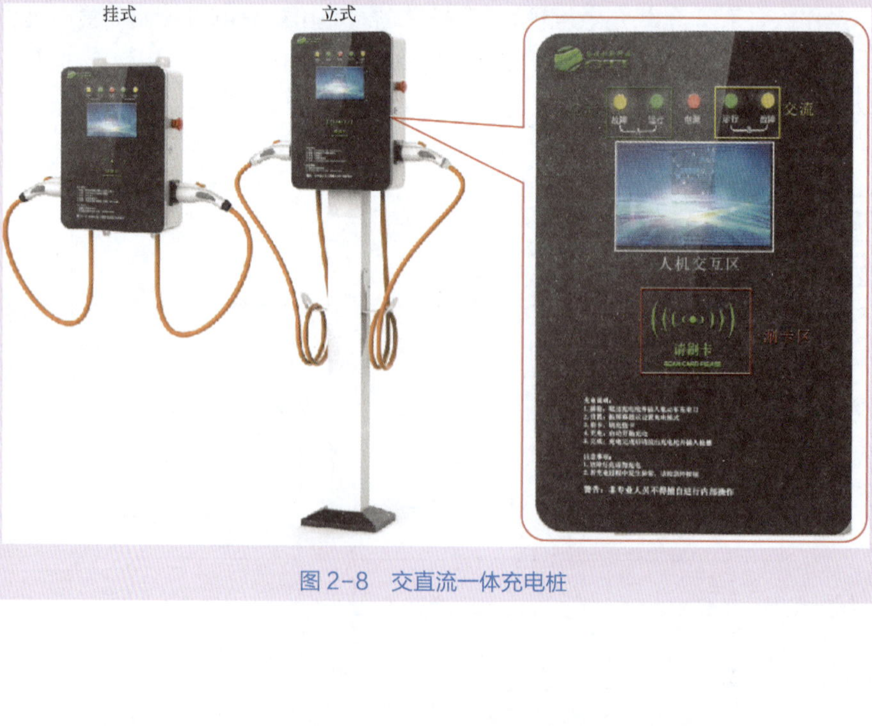

图 2-8　交直流一体充电桩

任务实施

实训 6 新能源汽车直流充电

下面介绍直流充电桩的使用方法。各车型的充电盖板有手动开启，有电动开启，充电时注意。下面以比亚迪公司腾势品牌新能源汽车为例介绍直流快充步骤（表 2–1）。

表 2–1 直流快充操作步骤

步骤	操作内容	图示
1	首先打开车辆的充电口。对于腾势品牌新能源汽车，按压中网 logo 上方，充电口会自动弹开	
2	弹开后内部还有一个盖子，轻轻拨动右侧开关，将盖板打开	
3	将国家电网的快速充电枪从充电桩上取出来	

续表

步骤	操作内容	图示
4	在取出充电枪时，记得向下按压充电枪上面的按钮	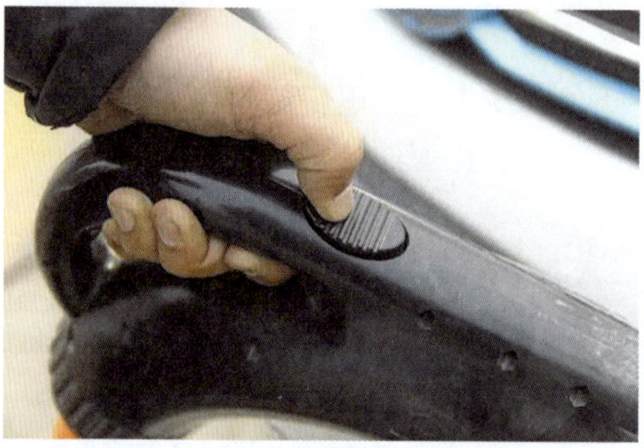
5	将快速充电枪头对准车辆充电插孔，按住枪头上的按钮将其插入车辆快速充电口	
6	连接好后，将国家电网的专用充电卡插入充电桩	
7	插入充电卡后，在屏幕上点按“插卡充电”按钮，等待系统进行安全检测	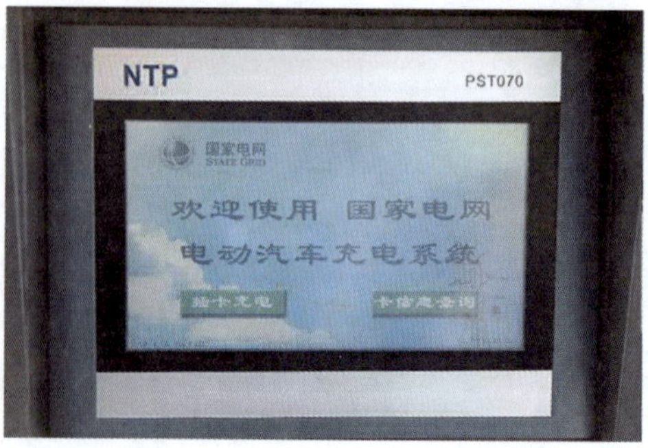

续表

步骤	操作内容	图示
8	系统检测完成后会自动跳转到密码输入界面	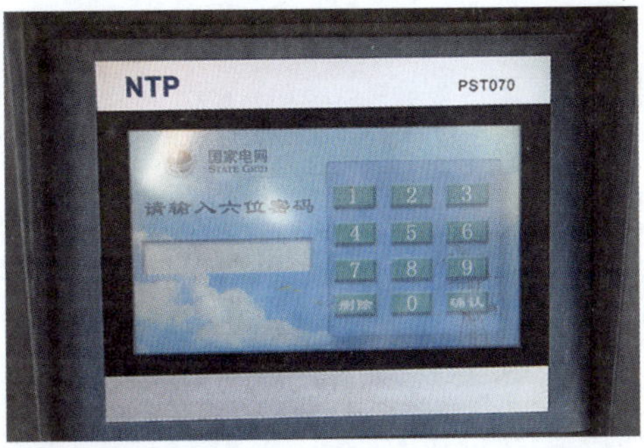
9	6 位密码输入完成后，点按右下方的“确认”按钮，等待系统检测密码输入是否正确，无误后即可开始充电	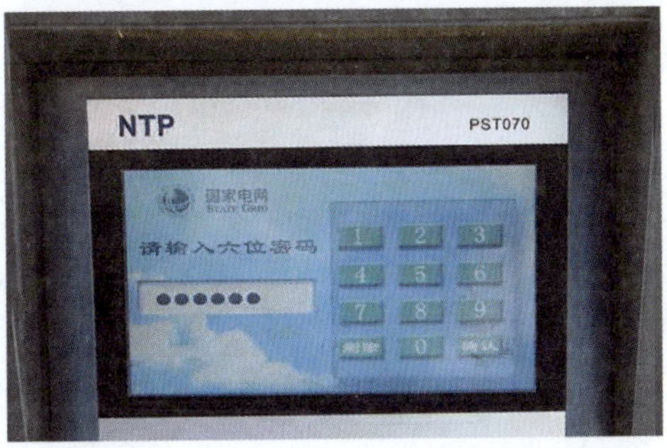
10	系统检测完成后将会显示正在充电界面，充电卡也会被弹出，此时应立即取走充电卡	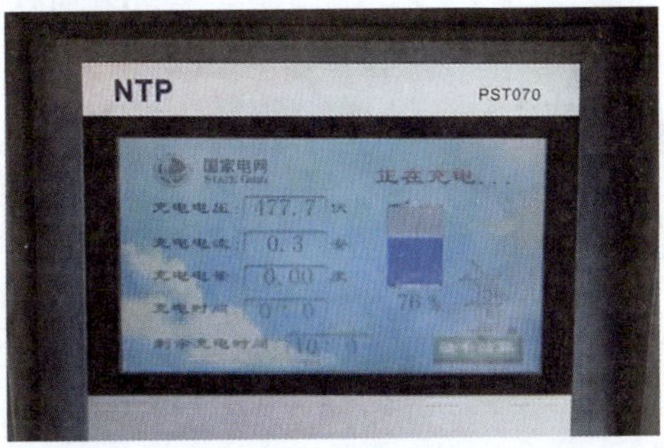
11	充电成功后，在车内的仪表盘上会实时显示充电情况	

续表

步骤	操作内容	图示
12	当要结束充电时，需再次将充电卡插回原位，之后点按屏幕上的“插卡结算”按钮	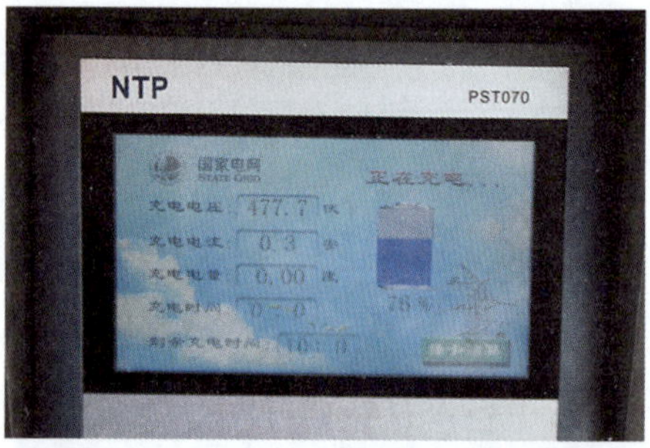
13	结算完成后，点按屏幕上的“退出”按钮，取走充电卡	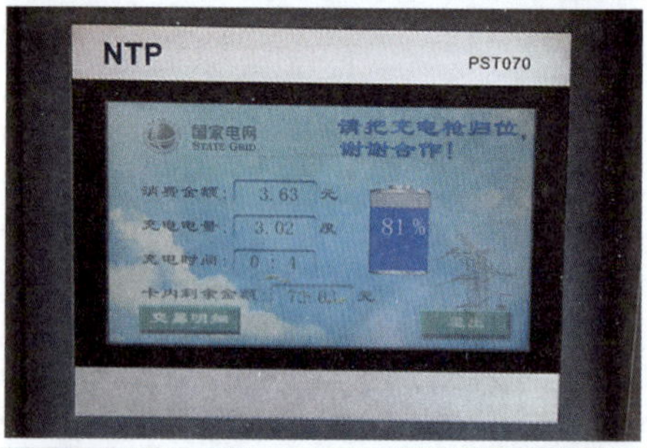
14	结束充电之后，需要按住充电枪头部的按钮将其拔出，将其放回原位，方便下一位车主使用	
15	拔出充电枪放回原位之后，记得关上车前充电口的两个保护盖	

任务拓展

测量并上传交流慢充 CP 线信号波形变化图

请测量交流慢充 CP 线信号从插枪到充电开始的波形变化过程，并拍照上传线上课程讨论区。

任务工单

任务 2-1 充电桩的使用工单

学生姓名		班级		任务成绩	
交流充电工作原理	分组对着交流充电系统电路图讨论分析充电原理，并将简要步骤记录下来。每组派代表对着电路图进行分享。				
直流充电工作原理	分组对着直流充电系统电路图讨论分析充电原理，并将简要步骤记录下来。每组派代表对着电路图进行分享。				
充电步骤	分组到实车上模拟充电步骤，每一位同学的操作都包括从开始到结束的所有步骤。记录操作过程中出现的问题和遇到的困难。				

任务 2-2 新能源汽车充电兼容性试验

任务描述

由于充电装置和新能源汽车品牌较多，兼容性问题凸显。充电过程中易在时序、通信及功能方面出现问题，本次任务中，我们先了解有哪些兼容问题，再来试验新能源汽车的充电桩兼容性。

任务目标

1. 了解新能源汽车充电兼容性问题；
2. 掌握新能源汽车充电兼容性试验步骤。

相关知识

2-2-1 相关标准

近年来，影响新能源汽车推广的两大主要因素是里程焦虑和充电焦虑。随着动力电池技术的不断突破，新能源汽车续航里程逐渐提高。与此同时，充电反而变成了一个核心技术问题，甚至成为中外新一轮技术竞争的焦点问题，及时、快速的电能补给已经成为新能源汽车产业发展必须解决的需求难题。直流充电电流大、充电时间短，因而已经成为各国争相投入研发的领域。

随着新能源汽车充电基础设施的建设，充电兼容性问题渐渐成为影响充电便利性的主要因素。2015 年底，《电动汽车非车载传导式充电机与电池管理系统之间的通信协议》（GB/T 27930—2015）、《电动汽车传导充电系统　第 1 部分：通用要求》（GB/T 18487.1—2015）和《电动汽车传导充电用连接装置　第 3 部分：直流充电接口》（GB/T 20234.3—2015）发布，新能源汽车的充电系统纷纷按照国家标准进行改造和设计。但是由于充电装置和新能源汽车品牌较多，兼容性问题凸显。2023 年，这三个标准都推出了新的版本。

2-2-2 充电兼容现象与绝缘检测问题

1. 插头与插座之间存在干涉

车辆充电插头与车辆充电插座尺寸均满足标准要求，但由于车辆内部空间尺寸设计问题而导致的干涉情况，可能引起充电失败。另外，干涉还可能导致插头、插座虽未完全插合，但是充电可以正常进行，但使得接口处过热，引发充电接口的烧蚀，甚至引起火灾。

<<< 2. 充电接口烧蚀

充电接口烧蚀（图 2–9），有一部分原因是长期充电发热导致的老化；另一部分原因是不同厂家的充电接口在匹配时存在干涉，不能完全接触而发热引起。若一个充电枪出现了烧蚀的情况，那么该充电枪在给车辆进行充电时会有传染的现象，因此烧蚀现象一旦出现，就会大面积破坏车辆接口及充电设施接口，严重时还会引起火灾。

图 2–9 充电接口烧蚀

<<< 3. 绝缘检测问题

《电动汽车传导充电系统 第 1 部分：通用要求》（GB/T 18487.1—2023）附录 B.3.3 中的非车载充电机自检中规定：在车辆接口完全连接后，闭合 K3 和 K4，使低压辅助供电回路导通；闭合 K1 和 K2，进行绝缘检测，绝缘检测时的输出电压应为车辆通信握手报文内的最高允许充电总电压和供电设备额定电压中的较小值。通过分析试验采集到的数据，发现有以下 3 种违反规定的情况。

1）插枪后直接有电压

插枪后直接有电压，说明没有经过绝缘检测就进行充电，这样可能导致用户在插枪时就有触电的危险，而且车辆本身也有可能面临过压的风险。

2）插枪后没有进行绝缘检测

插枪后没有进行绝缘检测，充电桩就响应新能源汽车的充电需求，如果此时有绝缘故障，可能在充电过程中给用户带来触电的风险。

3）利用充电桩最低输出电压进行绝缘检测

利用充电桩可输出的最低电压（200 V）进行绝缘检测，而不是 BHM 和供电设备额定电压里的较小值，不符合国标的要求。

插枪后，CC1 电压从 0 V 升到 4 V，CC2 电压从 0 V 升到 2.4 V 再升到 4.8 V，由于绝缘检测影响了 CC2 电路连接，绝缘检测后 CC2 电压降为 0，导致 BMS 没有唤醒。

虽然无法充电的现象只属于少数，但充电过程中暴露出了很多充电安全问题。从试验结果的分析可以看出，任何细节都会导致安全隐患，市场对于充电安全的规范需求日益迫切，因此很有必要对新能源汽车的充电进行兼容性试验。

任务实施

实训 7　认识充电兼容性试验设备

在充电兼容性试验中，要用到交流车辆接口电路模拟器 AIAM−63A 和直流车辆接口电路模拟器 DPAM−250A，首先来认识此设备。

<<< 1. 交流车辆接口电路模拟器

交流车辆接口电路模拟器 AIAM−63A 如图 2−10 所示。

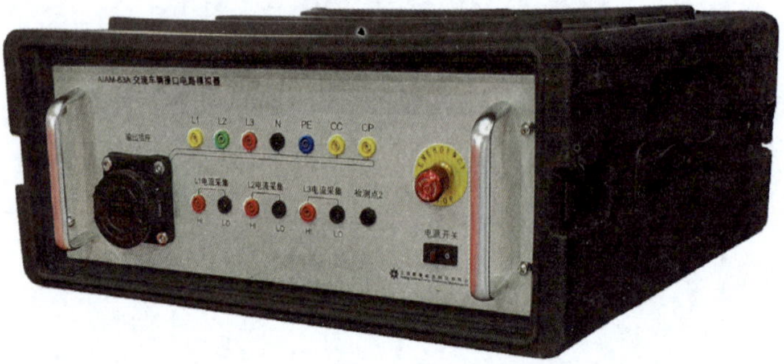

图 2−10　交流车辆接口电路模拟器 AIAM−63A

（1）设备采用 4U 标准模块化设计，可安装于标准机柜，也可安装于便携箱，可供实验室使用和现场试验需要。

（2）设备带有 63 A 标准交流充电枪插座，插座定义满足《电动汽车传导充电用连接装置　第 3 部分：直流充电接口》（GB/T 20234.3—2023）及《电动汽车充电接口规范　第 2 部分：交流充电接口》（Q/GDW 1234.2—2014）的要求。

（3）设备带有 L1、L2、L3、N、PE、CP、CC 各个触点回路通断的开关，可实现各路通断故障状态仿真模拟功能。

（4）设备带有 R2 电阻、R3 电阻仿真等效电阻模拟功能，满足 R2 电阻调节范围 100～2 999 Ω，且连续可调，调节精度 1 Ω；满足 R3 等效电阻标称值 1 000～5 000 Ω，且连续可调，调节精度 1 Ω。

（5）设备上位机软件带有充电桩输出 PWM 频率、PWM 占空比、检测点 2 电压、检测点 3 对 PE 电阻值显示功能，可显示充电桩输出 PWM 信号的频率和占空比，检测点 2 电压、检测点 3 对 PE 电阻。

（6）设备带有 R2、R3 电阻显示功能，可显示 R2、R3 电阻等效阻值。

（7）设备带有三相电能表头，可实时显示加载过程中三相电压、电流，可显示电能、功率因数等参数。

（8）设备内置三相电流采集量程 100 A，可通过外部电参数采集设备实现电流采集。

（9）设备开关两侧带有 4 mm 标准安全接口，可实现各路参数当前状态的信号采集功能。

（10）设备各路触点开关均带有指示灯，可方便就地查看当前的回路状态。

（11）设备带有紧急停止按钮，可在紧急状态下实现各回路切断的功能。

（12）设备前后面板各带有 1 路 CAN 通信接口，可实现上位 PC 机控制功能。

（13）设备带有 L1、L2、L3 三相负载接入口，可实现与负载的连接功能。

（14）设备配备标准 PC 上位机软件，可实现参数及开关状态的配置功能。

（15）在设备上可进行以下试验：充电桩连接确认试验、充电阶段试验、充电准备阶段试验、正常充电结束试验、开关 S2/S3 断开试验、车辆接口断开试验、PE 断针试验、CC 中断试验、CP 断电试验、CP 接地试验、失电状态试验、输出电流试验、CC 和 CP 回路电阻试验等。

（16）设备供电电源 AC 220 V（1 ± 5%），50 Hz。

<<< 2. 直流车辆接口电路模拟器

直流车辆接口电路模拟器 DPAM−250A 如图 2−11 所示。

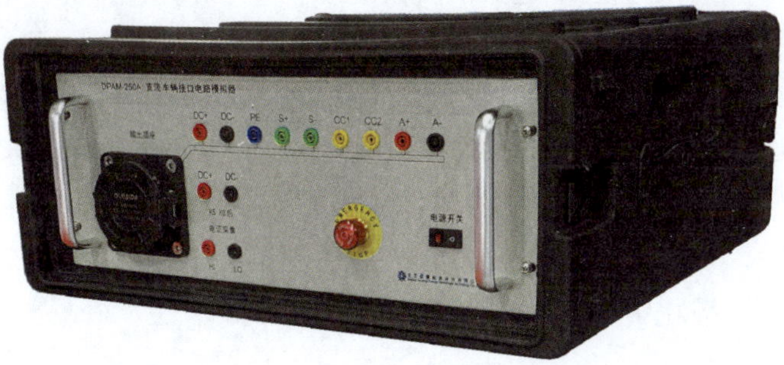

图 2−11　直流车辆接口电路模拟器 DPAM−250A

（1）设备采用 4U 标准模块化设计，可安装于标准机柜，也可安装于便携箱，可以同时满足实验室与各种现场试验需要。

（2）设备带有 250 A 标准充电枪插座，插座定义满足《电动汽车传导充电用连接装置 第 3 部分：直流充电接口》（GB/T 20234.3—2023）的要求。

（3）可实现车辆直流充电接口电路模拟，具备 DC+、DC−、PE、S+、S−、CC1、CC2、A+、A−等引脚连接线的通断功能。

（4）带有 4 mm 标准安全接口，可实现各路信号的采集及开关两侧信号的采集功能。

（5）设备带有 R4 连接确认，电阻调节范围为 100 ～2 999 Ω，调节步进为 1 Ω，阻值可根据需要手动调节或通过上位机调节。

（6）设备上位机软件带有 R4 电阻阻值显示和设置功能，可实时查看和设置 R4 电阻的阻值，通过远程通信进行实时调节。

（7）设备上位机软件带有 A+/A−电压、CC1 电压、CC2 电压、充电电压、电池电压、DC+/DC−电流等显示功能，试验过程中可实时显示当前的电压值、电流值。

（8）设备带有检测点 2 处上拉电压 U2 仿真模拟功能，可模拟检测点 2 的上拉电压 U2 电压值。

（9）设备带内置高精度电流霍尔传感器，最大可实现 300 A 电流信号采集，可直接通过外采集设备实现电流采集。

（10）设备内置电池电压模拟器，电压模拟范围为 0～900 V，电流最大输出值为 0.2 A，电压测量精度为 0.5%FS，可实现电池包端电压的模拟功能。

（11）设备带有负载接入接口，可实现电阻负载模式、电池负载模式和混合负载模式的接入，配合其他设备可满足充电桩互操性试验的要求。

（12）设备带有紧急停止按钮，可在第一时间切断各回路，保障人身和设备安全。

（13）设备后面板带有 2 个 CAN 通信接口，通过 CAN 通信接口可实现车辆与充电桩的信息交互，以及对充电接口模拟器的远程控制功能。

（14）设备配备远程控制软件，可实现加载过程中设备所有参数的控制和配置功能。

（15）设备供电电源为 AC 220 V（1 ± 5%），50 Hz。

<<< 3. 参数采集系统

参数采集系统配备的是两套多通道示波器或多通道录波仪，录波仪的参数如下：

（1）10.4 英寸真彩 TFT 液晶显示屏。

（2）最高采样率：10 MB/s 可以记录 20 s，最高分辨率为 720 bps，最高支持 1 kV 绝缘测量。

（3）大容量存储空间，可记录 200 d，支持 GIGAZOOM2 快速双波形缩放。

（4）内置 500 GB 硬盘，可以以 100 kB/s 速度 16 通道同时测量 10 d。

（5）时间轴精度 ± 0.005%。

<<< 4. 主控系统：工控机或笔记本计算机

（1）工控机配备鼠标、键盘、显示器等外围设备。主板：AIMB763VG；CPU：E5300/E7400/I5 2400/I7 2600/Q9400；内存：2 GB 以上；硬盘：500 GB 以上；带有电源和 HDD 活动性通知，可改善系统性能；有通信口 2 个，即 CAN 和 485（可用笔记本计算机替代）。

（2）BMS 软件模拟充电桩和车辆通信，并能控制直流充电输出模块按试验要求输出，K1/K2、K3/K4 按规定要求动作。

（3）试验系统可自动完成互操作及协议一致性各试验项目。

（4）通过一致性试验软件，可实现互操作和协议一致性的自动检测，具有自动出报告功能。

<<< 5. 协议一致性试验软件

（1）模拟充电桩和车辆通信，实现充电桩与车辆低压辅助上电及充电握手阶段、参数配置阶段、充电阶段、充电结束阶段的报文信息交互，可兼容新老国标。

（2）低压辅助上电及充电握手阶段、参数配置阶段、充电阶段、充电结束阶段的报文内容可在正常范围内随意设置，设置完成后可进行保存，下次试验时可直接导入使用。

（3）软件具有报文实时显示窗口及通信状态显示窗口，便于查看充电桩与车辆的报文交互情况及通信状态。

（4）所用试验项目均是一键式操作，先选择试验项目编号，再点按“开始”试验，自动完成试验。

6. 互操作试验软件

（1）试验软件可与车辆进行通信，实现 K1/K2、K4/K3 及各硬件按照报文发送顺序进行动作，保证充电时序的正确。

（2）软件可实时显示 CAN 报文发送时序、电池需求电压曲线、电流曲线及充电机输出电压曲线、电流曲线、SOC 曲线等。

（3）软件自动计算充电机最大输出电压、BMS 最高允许电压、绝缘检测电压、绝缘检测电压下降时间、预充电电压、冲击电流、电池端电压、BCP 报文电池电压、K5/K6 闭合时间、K1/K2 闭合时间、电流需求、变化时长、变化速率等参数。

图 2-12 为试验设备连接示意图。

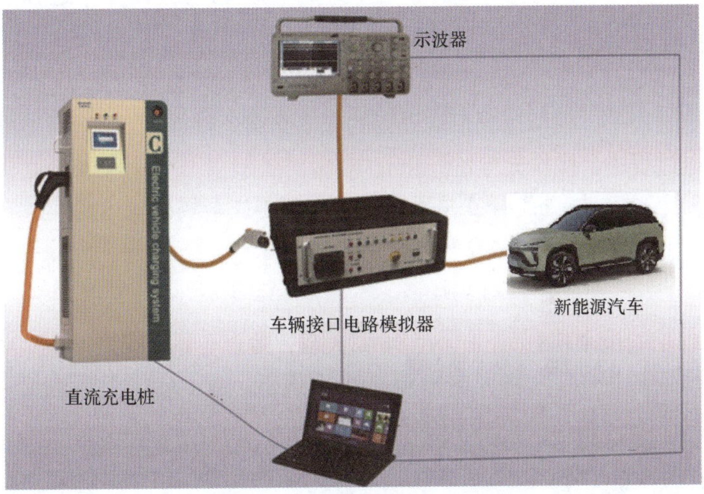

图 2-12　试验设备连接示意图

实训 8　认识充电兼容性试验条件

充电兼容性试验包括交流充电兼容性试验及直流充电兼容性试验，应满足以下条件：

（1）须使用符合《电动汽车传导充电互操作性测试规范　第 1 部分：传电设备》（GB/T 34657.1—2017）、《电动汽车非车载传导式充电机与电池管理系统之间的通信协议一致性测试》（GB/T 34658—2017）、《电动汽车传导充电用连接装置　第 1 部分：通用要求》（GB/T 20234.1—2023）、《电动汽车传导充电用连接装置　第 2 部分：交流充电接口》（GB/T 20234.2—2023）和《电动汽车传导充电用连接装置　第 3 部分：交流充电接口》（GB/T 20234.3—2023）要求的交流充电桩或直流充电桩，进行充电兼容性试验。

（2）对于未配置车载充电机的新能源汽车，若车辆配置表包括交流充电设备，试验过程中接入该设备进行交流充电试验。

（3）应记录所用的充电桩类型，以及详细试验结果。

（4）试验应在常温环境中进行。

（5）试验样品交付时需要包括必要的操作文件，以及和试验设备相连所需的接口部件（如连接器、充电插头等）。试验样品供应商应提供样品安全工作限值，以保证整个试验过程的安全。

实训 9　交流充电兼容性试验

<<< 1. 启动及充电阶段试验

（1）先插入供电端插头，再插入车辆端插头，然后操作充电桩开始充电，检查车辆的充电状态。

（2）车辆均应启动充电，充电电流稳定后保持不少于 5 min 的正常充电，且实际充电电流值应符合《电动汽车传导充电系统 第 1 部分：通用要求》（GB/T 18487.1—2023）中 A.3.7 的规定；充电过程中，若充电接口配置电子锁，电子锁装置应在充电过程中保持锁止。

<<< 2. 正常充电结束试验

（1）正常充电过程中，模拟达到车辆设置的充电结束条件或者对车辆实施停止充电的指令。

（2）正常充电过程中，操作充电桩停止充电。

提示：以上过程中车辆应能停止充电，开关 S2（若车辆配置 S2）应断开。

<<< 3. 机械锁解锁试验

正常充电过程中，按下机械锁并保持解锁状态，检查车辆的充电状态、检测点 1 的电压值。车辆应在机械锁解锁 1 s 内将充电电流减小至最低（<1 A），然后断开开关 S2（若车辆配置 S2）。用示波器测量接口电路模拟器的相应接口。

<<< 4. 车辆充电与行驶互锁

按以下步骤进行试验：

（1）车辆处于驱动系统电源切断状态下，将车辆充电插头与车辆充电插座完全插合。检查车辆能否通过其自身的驱动系统移动。

（2）车辆处于可行驶模式下，将车辆充电插头与车辆充电插座完全插合；检查车辆能否通过其自身的驱动系统移动。

提示：车辆应不能通过其自身的驱动系统移动。

<<< 5. CC 断路试验

分别在充电准备阶段和正常充电过程中，断开车辆接口 CC 连接，检查检测点 1 的电压值、充电状态。

提示：在充电准备阶段，CC 断路后，车辆应不能闭合 S2（若车辆配置 S2），不能进入充电状态；在正常充电过程中，CC 断路后，车辆应在 3 s 内停止充电，然后断开 S2（若车辆配置 S2）。

<<< 6. CP 中断试验

正常充电过程中，断开 CP 信号，检查检测点 1 的电压值、充电状态。车辆应在 3 s 内停止充电，然后应断开 S2（若车辆配置 S2）。

在交流充电过程中，测量直流车辆插座端子（DC+、DC−、PE 两两之间）的交直流电压，其电压值应不大于 AC 30 V 且不大于 DC 60 V，或电路存储的总能量小于 0.2 J。

安全注意

务必佩戴绝缘手套进行电压测量！

实训 10　直流充电兼容性试验

<<< 1. 正常充电操作试验

将车辆充电插头与车辆充电插座完全插合，在直流充电桩侧启动充电，车辆应能正常启动充电。达到充电结束条件后，车辆应能正常停止充电。

<<< 2. 车辆充电与行驶互锁试验

按以下步骤进行试验：

（1）车辆处于驱动系统电源切断状态下，将车辆充电插头与车辆充电插座完全插合，检查车辆能否通过其自身的驱动系统移动。

（2）车辆处于可行驶模式下，将车辆充电插头与车辆充电插座完全插合，检查车辆能否通过其自身的驱动系统移动。

提示：车辆应不能通过其自身的驱动系统移动。

<<< 3. 非工作充电接口的带电检查

在直流充电过程中，测量交流车辆插座端子（L、N、PE 两两之间）的交直流电压，其电压值应不大于 AC 30 V 且不大于 DC 60 V，或电路存储的总能量小于 0.2 J。

安全注意

务必佩戴绝缘手套进行电压测量！

任务拓展

用充电试验软件测量并上传报文发送时序及各种曲线

请使用充电试验软件测量交流慢 CAN 报文发送时序、电池需求电压曲线、电流曲线及充电机输出电压曲线、电流曲线、SOC 曲线。请拍照上传线上课程讨论区。

任务工单

任务 2-2 新能源汽车充电兼容性试验工单

学生姓名		班级		任务成绩	
交流充电兼容性试验	启动及充电阶段试验，记录主要步骤及数据：				
	正常充电结束试验，记录主要步骤及数据：				
	机械锁解锁试验，记录主要步骤及数据：				
	车辆充电与行驶互锁，记录主要步骤及数据：				
	CC 断路试验，记录主要步骤及数据：				
	CP 中断试验，记录主要步骤及数据：				
直流充电兼容性试验	正常充电操作试验，记录主要步骤及数据：				
	车辆充电与行驶互锁，记录主要步骤及数据：				
	非工作充电接口的带电检查，记录主要步骤及数据：				

任务 2-3　新能源汽车充电速率试验

任务描述

本任务从充电速率的影响因素着手，让大家了解各影响因素的作用原理，这样就能对充电速率试验的步骤理解得更深。任务的另一个重要内容就是进行充电速率试验操作。

任务目标

1. 了解影响新能源汽车充电速率的影响因素；
2. 掌握新能源汽车充电速率试验步骤。

相关知识

2-3-1　充电速率影响因素

充电的快慢是新能源汽车用户很关心的问题，影响充电速率的因素主要有以下几个方面。

<<< 1. 充电桩的影响

简单来讲，充电桩输出功率越大，充电时间越短。目前充电桩分为交流充电桩和直流充电桩，从交流充电桩来讲，国内大部分慢速充电桩或充电盒均采用 220 V 交流电，输出电流分别为 16 A 或 32 A，理论功率分别可达到 3.3 kW 或 6.6 kW，考虑到 10%的功率损耗，交流充电速度还是很慢的。例如，对于一般电池电量为 20 kW · h 左右的新能源汽车，采用目前主流 3.3 kW 交流充电方式，需要 6～8 h 才能够充满电。也有速度快的特例，如特斯拉 220 V 的 HPWC（高功率壁挂适配器）的输出电流可达 50 A，输出功率 11 kW，但这是专门为模型设计的，并且与国标接口也不通用，不符合国情。

对于直流充电桩来讲，不同于交流充电桩 220 V 电压接入，直流充电桩接入的电压为 380 V，功率一般能达到 10 kW 以上，例如市面上针对电动乘用车的充电桩，国网建的大部分是 37.5 kW，普遍建的也达 10 kW、15 kW 以上。对于一般电池电量为 20 kW · h 左右的新能源汽车来讲，用 10 kW 直流充电桩充电 2～3 h 即可以满电。

由此可见，仅仅从输出功率上来判断，交流充电和直流充电的快慢便见分晓，一些早期的新能源汽车车型只配备了交流充电接口，那充电速度自然也快不起来了，所以在行业内就有交流慢充、直流快充的说法。

<<< 2. 整车车载充电机的影响

在整车交流充电过程中，会有车载充电机参与到电流转换过程中，通常交流电会经过车载充电机转换成直流电作为电能储存到动力电池中。因此，对于整车的车载充电机设计，其功率需要与交流输出功率匹配，一般在 3.3 kW 左右，就算用更高功率的充电桩输出电流，也只能在 16 A 左右，充电速度也快不起来。不过可以预见的是，随着新能源汽车电池电量的增加，未来车载充电机功率应该在 6.6 kW 以上，只有这样才能保证用户对充电速度的最低需求。

而如果采用直流充电的方式，由于采取与交流充电不同的接口，直流电作为电能直接储存到动力电池内，无须经过车载充电机这一关，充电速度自然快了不少，但是为了保证电池寿命，避免过充过放，车辆生产厂家会对整车动力电池的 BMS（电池管理系统）进行设置。

<<< 3. 动力电池的影响

在充电桩端输出功率相同的情况下，整车动力电池容量越大，充电时间就越长，这就如同用同样口径的放水管向池子里注水，池子越大，注满水需要的时间越长，这个道理比较简单。另外，三元锂电池的能量密度一般比磷酸铁锂电池高，那么对于同一车型来讲，如果要求续驶里程一致，三元锂电池装的电池肯定比铁锂电池少，充电速度自然就快了一些。

锂电池被称为“摇椅型”电池，带电离子在正负极之间运动，实现电荷转移，给外部电路供电或者从外部电源充电。在具体的充电过程中，外电压加载在电池的两极，锂离子从正极材料中脱逸，进入电解液中，同时产生多余电子通过正极集流体，经外部电路向负极运动；锂离子在电解液中从正极向负极运动，穿过隔膜到达负极；经过负极表面的 SEI 膜嵌入到负极石墨层状结构中，并与电子结合。这个过程如图 2-13 所示。

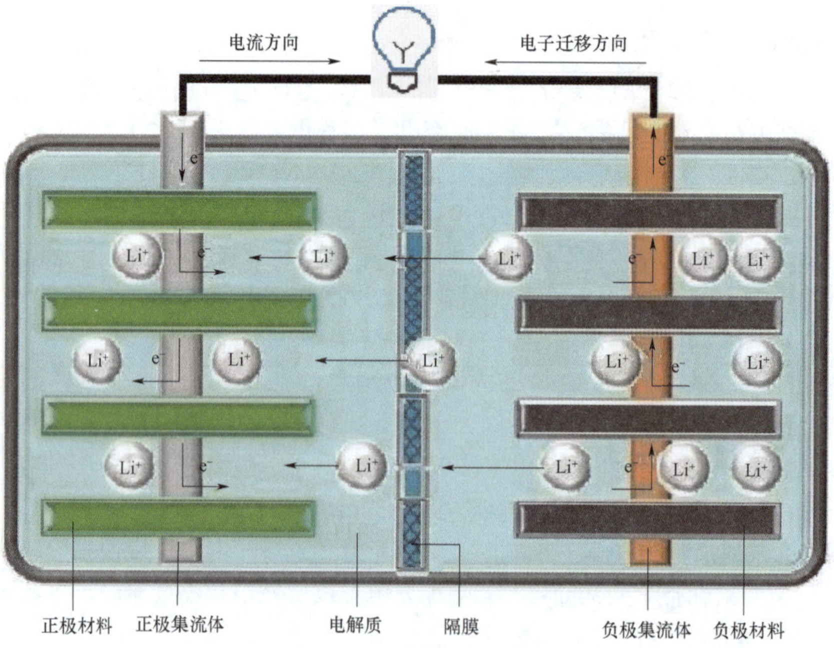

图 2-13　电池内部离子移动过程

在整个离子和电子的移动过程中，影响电池内部电荷移动和嵌入电极孔穴速率的因素，无论电化学的还是物理的，都会影响锂电池快速充电能力。此类影响因素主要包括正极、负极、电解液、隔膜和电池结构设计等。

1）正极

实际上，各种正极材料几乎都可以用来制造快充型电池，主要需要保证的性能包括电导（减少内阻）、扩散（保证反应动力学）、寿命、安全、适当的加工性能（比表面积不可太大，减少副反应，为安全服务）。当然，每种具体材料要解决的问题可能有所差异，但是一般常见的正极材料都可以通过一系列的优化来满足这些要求。

（1）磷酸铁锂：更侧重于解决电导、低温方面的问题。进行碳包覆，适度纳米化（注意，是适度，绝对不是越细越好的简单逻辑），将颗粒表面处理形成离子导体，都是最为典型的策略。

（2）三元材料：本身电导已经比较好，但是其反应活性太高，因此三元材料优化时，鲜有进行纳米化工作（纳米化可不是什么万金油式的材料性能提升良药，尤其是在电池领域中，有时还有好多反作用），更多考虑是注重安全性和抑制（与电解液的）副反应，毕竟目前三元材料的一大命门就在于安全，近来的电池安全事故频发也对此方面提出了更高的要求。

（3）锰酸锂：对于寿命更为看重，目前市面上也有不少锰酸锂系的快充电池。

2）负极

锂离子电池充电的时候，锂离子向负极迁移。而快充大电流带来的过高电位会导致负极电位更负，此时负极迅速接纳锂的压力会变大，生成锂枝晶的倾向会变大，因此快充时负极不仅要满足锂扩散的动力学要求，更要解决锂枝晶生成倾向加剧带来的安全性问题，所以快充实际上主要的技术难点为锂离子在负极的嵌入。下面介绍常用的负极材料。

（1）石墨：目前市场上占有统治地位的负极材料仍然是石墨（占市场份额的 90%左右），根本原因无他——便宜，而且石墨在综合加工性能、能量密度方面都比较优秀，缺点相对较少。石墨负极当然也有问题，其表面对于电解液较为敏感，锂的嵌入反应带有强的方向性，因此进行石墨表面处理，提高其结构稳定性，促进锂离子在基上的扩散，是主要需要努力的方向。

（2）硬碳和软碳类材料：硬碳材料嵌锂电位高，材料中有微孔，因此反应动力学性能良好；而软碳材料与电解液相容性好，中间相碳微球材料 MCMB 也很有代表性，只是硬碳和软碳类材料普遍效率偏低，成本较高，因此目前用量远不及石墨，更多用在一些特种电池上。

（3）钛酸锂：钛酸锂的优点是功率密度高，较安全；缺点也明显，能量密度很低，按 W・h 计算成本很高。因此，对于钛酸锂电池的观点是：一种有用的在特定场合下有优势的技术，但是对于很多对成本、续航里程要求较高的场合并不太适用。

（4）硅：硅负极材料是重要的发展方向，松下的新型 18650 电池已经开始了对此类材料的商用进程。但是如何在纳米化追求性能与电池工业对于材料的一般微米级的要求方面达到一个平衡，仍是比较有挑战性的工作。

3）隔膜

对于功率型电池，大电流工作对其安全、寿命上提供了更高的要求。隔膜涂层技术是绕不开的，陶瓷涂层隔膜因为其高安全、可以消耗电解液中杂质等特性正在被迅速推广，尤其对于三元电池安全性的提升效果格外显著。陶瓷隔膜目前主要使用的体系是把氧化铝颗粒涂布在传统隔膜表面，比较新颖的做法是将固态电解质纤维涂在隔膜上，这样的隔膜的内阻更低，纤维对于隔膜的力学支撑效果更优，而且在服役过程中其堵塞隔膜孔的倾向更低。涂层以后的隔膜，稳定性好，即使温度比较高，也不容易收缩变形导致短路。

4）电解液

电解液对于快充锂离子电池的性能影响很大。为保证电池在快充大电流下的稳定和安全性，电解液要满足以下几个特性：① 不能分解；② 导电率要高；③ 对正负极材料是惰性的，不能反应或溶解。要达到这几个要求，就需要用到添加剂和功能电解质。比如三元快充电池的安全性受其影响很大，必须向其中加入各种抗高温类、阻燃类、防过充电类的添加剂保护，才能在一定程度上提高其安全性。而钛酸锂电池的老大难问题，高温胀气，也得靠高温功能型电解液改善。

5）电池结构设计

电池结构典型的一个优化策略就是叠层式 vs.卷绕式。叠层式电池的电极之间相当于并联关系，卷绕式则相当于串联关系，因此前者内阻要小得多，更适合用于功率型场合。也可以在极耳数目上下功夫，解决内阻和散热问题。此外，使用高电导的电极材料、使用更多的导电剂、涂布更薄的电极，也都是可以考虑的策略。

4. 电池温度的影响

电池在冬季的时候充不上电，或者充电速度慢得令人抓狂，都与电池本身的化学特性有关，就是所谓的低温保护。在气温过低的情况下，电池中的金属锂会产生沉积现象，不再和物质发生化学反应，从而发生电池内部短路的情况。特别要提一下磷酸铁锂电池，低温性能比较差，据相关材料显示，其 0 ℃时的容量保持率为 60%～70%，−10 ℃时为 40%～55%，−20 ℃时为 20%～40%。三元电池略优于磷酸铁锂电池。现在大部分车厂都有电池加热模块，寒冷的时候边充电边加热，在充电过程中激活电池，电能自然也会耗费不少。电池温度低时充电速度慢是肯定的，但是不同车厂解决此问题的方案及效率会略有不同。

5. 电力负载的影响

在夏季的时候，家家户户都开空调，致使变压器负载达到高峰，导致电压出现下降的情况，这也会影响到新能源汽车的充电速度。不过正规的小区一般都有专用变压器，对新能源汽车充电速度影响有限。而一些自建房、城中村等用户，用电一般来自区域公用变压器，影响就大一些了。因此，对于新能源汽车用户，建议选择用电低谷期进行充电，充电速度就会快一些。

2-3-2 快速充电理论

1. 最佳充电曲线

蓄电池在充电过程中存在最佳充电曲线，即马斯理想充电曲线用公式描述如下：

$$I=I_0 \times e^{\alpha t} \tag{2-1}$$

式中：I_0——电池初始充电电流；

α——充电接受率；

t——充电时间。

I_0 和 α 的值与电池类型、结构和新旧程度有关。

现阶段对电池充电方法的研究主要是基于最佳充电曲线来开展的。如图 2-14 所示，如果充电电流超过这条最佳充电曲线，不但不能提高充电速率，而且会增加电池的析气量；如果小于此最佳充电曲线，虽然不会对电池造成伤害，但是会延长充电时间，降低充电效率。

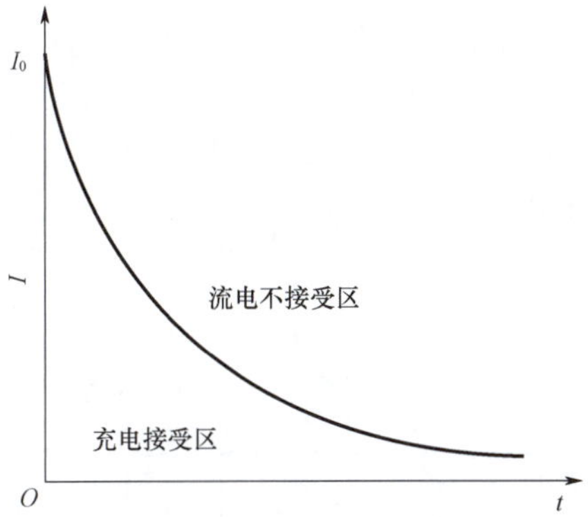

图 2-14　电池最佳充电曲线

2. 马斯三定律

对马斯最佳充电曲线，即马斯理论的阐述包含 3 个层次，是为马斯三定律：

（1）对于任何给定的放电电流，蓄电池充电时的电流接受率 α 与电池放出的容量的平方根成反比；

（2）对于任何给定的放电量，α 与放电电流 $I\alpha$ 的对数成正比；

（3）蓄电池在以不同的放电率放电后，其最终的允许充电电流 It（接受能力）是各个放电率下的允许充电电流的总和。

因而马斯三定律可以理解为：

第一定律：在电池放出一定电量以后，其充电接受能力与当前荷电量有关，荷电量越少，其充电接受能力越高；

第二定律：充电过程中，出现脉冲放电，有助于帮助电池提高实时的可接受电流值；

第三定律：充电接受能力会受到充电时刻以前的充放电情况的叠加影响。

如果马斯理论也适用于锂电池，则反向脉冲充电（下文中具体名称为 Reflex 快速充电法）除了可以从去极化的角度解释其对温升抑制有帮助以外，马斯理论也作为对脉冲充电方法的支撑。而更进一步地，真正将马斯理论全盘运用的是智能充电方法，即跟踪电池参数，使得充电电流值始终遵循锂电池的马斯曲线变化，使得在安全边界以内，充电效率达到最大化。

2-3-3 快速充电方法

锂电池的充电方法有很多种，针对快速充电的要求，其主要方法有脉冲充电、间歇充电和智能充电 3 种。不同的电池类型，适用的充电方式也不完全相同。

<<< 1. 脉冲充电

图 2-15 是脉冲充电曲线。脉冲充电主要包括 3 个阶段：预充、恒流充电和脉冲充电。在恒流充电过程中以恒定电流对电池进行充电，部分能量被转移到电池内部。当电池电压上升到上限电压（4.2 V）时，进入脉冲充电模式：用 1*C* 的脉冲电流间歇地对电池充电（1 h 充满电池时的速率称为 1*C*）。在恒定的充电时间 t_c 内电池电压会不断升高，充电停止时电压会慢慢下降。当电池电压下降到上限电压（4.2 V）后，以同样的电流值对电池充电，开始下一个充电周期，如此循环充电直到电池充满。

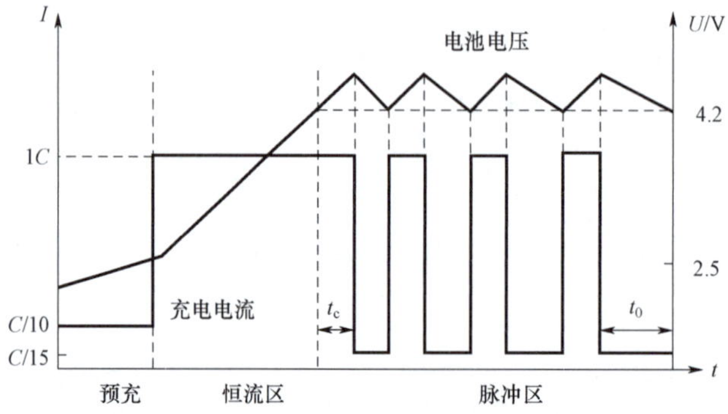

图 2-15 脉冲充电曲线

在脉冲充电过程中，电池电压下降速度会渐渐减慢，停充时间 t_0 会变长，当恒流充电占空比低至 5%～10%时，认为电池已经充满，终止充电。

与常规充电方法相比，脉冲充电能以较大的电流充电，在停充期电池的浓差极化和欧姆极化会被消除，使下一轮的充电能更加顺利地进行，充电速度快，温度变化小，对电池寿命影响小，因而目前被广泛使用。但其缺点很明显：需要一个有限流功能的电源，这增加了脉冲充电方式的成本。

<<< 2. 间歇充电

锂电池间歇充电法包括变电流间歇充电法和变电压间歇充电法。

1）变电流间歇充电

变电流间歇充电的特点是将恒流充电改为限压变电流间歇充电。如图 2-16（a）所示，在变电流间歇充电的第一阶段，先采用较大电流对电池充电，在电池电压达到截止电压 V_0 时停止充电，此时电池电压急剧下降。保持一段停充时间后，采用减小的充电电流继续充电。当电池电压再次上升到截止电压 V_0 时停止充电，如此往复数次（一般约为 3～4 次）充电电流将减小为设定的截止电流值，然后进入恒电压充电阶段，以恒定电压对电池充电，直到充电电流减小到下限值，充电结束。

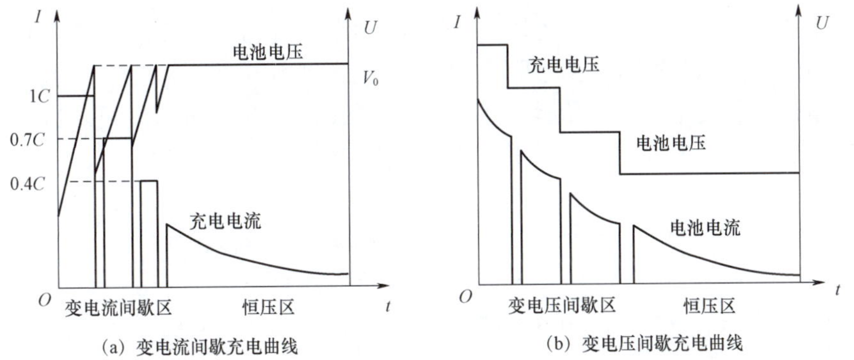

图 2-16　间歇充电曲线

在变电流间歇充电的主充阶段，在限定充电电压的条件下，采用了电流逐渐减小的间歇充电方式加大了充电电流，即加快了充电过程，缩短了充电时间。但是这种充电模式电路比较复杂，造价高，一般只有在大功率快充时才考虑采用。

2）变电压间歇充电

变电压间歇充电和变电流间歇充电的差异在第一阶段的充电过程，将间歇恒流变成间歇恒压。比较图 2-16（a）和图 2-16（b），可以发现恒压间歇充电更符合最佳充电曲线。在每个恒压充电阶段，由于电压恒定，充电电流自然按照指数规律下降，符合电池电流可接受率随着充电的进行逐渐下降的特点。

3）Reflex 快速充电

Reflex 快速充电法，又被称为反射充电法或“打嗝”充电法。该方法的每个工作周期包括正向充电、反向瞬间放电和停充 3 个阶段（图 2-17）。它在很大程度上解决了电池极化现象，加快了充电速度。但是反向放电会缩短锂电池寿命。

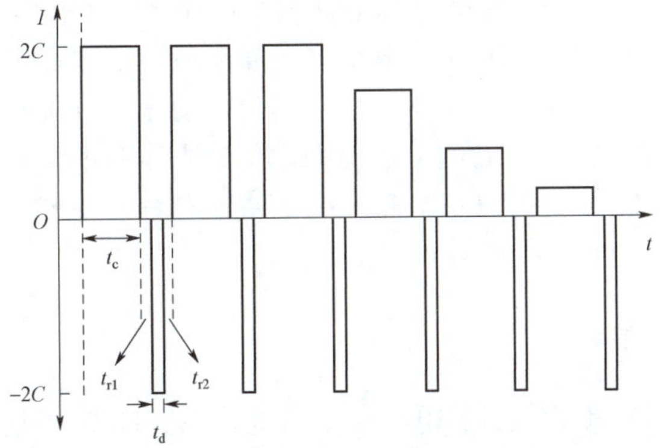

图 2-17　Reflex 快速充电曲线

如图 2-17 所示，在每个充电周期中，先采用 2C 的电流充电时间为 10 s，即 t_c，然后停充，时间 t_{r1} 为 0.5 s，接下来是反向放电，时间 t_d 为 1 s，最后是停充，时间 t_{r2} 为 0.5 s，每个充电循环同期时间为 12 s。随着充电的进行，充电电流会逐渐变小。

<<< 3. 智能充电

智能充电是目前较先进的充电方法，充电曲线如图 2-18 所示，其主要原理是应用 dU/dt 和 dI/dt 控制技术，通过检查电池电压和电流的增量来判断电池充电状态，动态跟踪电池可接受的充电电流，使充电电流自始至终在电池可接受的最大充电曲线附近。这类智能方法，一般结合神经网络和模糊控制等先进算法技术，实现系统的自动优化。

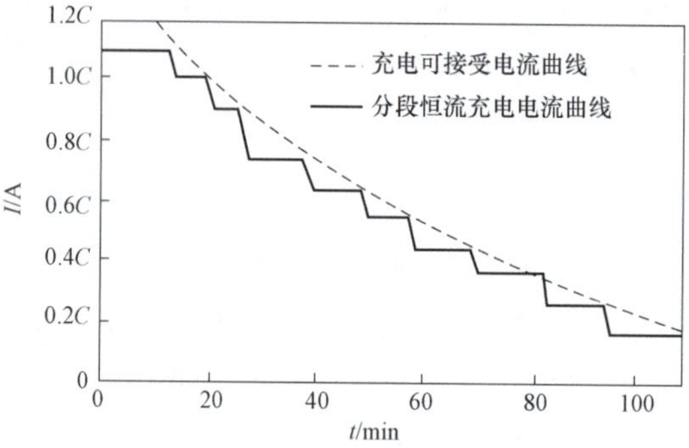

图 2-18　智能充电曲线

任务实施

实训 11　充电速率和充电时间试验

<<< 1. 试验条件

交流充电设备规格：7 kW 交流充电设备。

直流充电设备规格：60 kW、120 kW 的直流充电设备。

所有充电设备均应符合当前国家标准《电动汽车传导充电互操作性测试规范　第 1 部分：传电设备》（GB/T 34657.1—2017）、《电动汽车非车载传导式充电机与电池管理系统之间的通信协议一致性测试》（GB/T 34658—2017）、《电动汽车传导充电用连接装置　第 1 部分：通用要求》（GB/T 20234.1—2023）、《电动汽车传导充电用连接装置　第 2 部分：交流充电接口》（GB/T 20234.2—2023）和《电动汽车传导充电用连接装置　第 3 部分：交流充电接口》（GB/T 20234.3—2023）要求。

<<< 2. 车辆预处理

按以下方法对车辆进行预处理；放电至最小荷电状态。首先，试验车辆以 30 min 最高车速的 65%～75%的稳定车速行驶，使车辆的动力蓄电池放电。放电在车速不能达到 30 min 最高车速的 65%时结束。

<<< 3. 试验程序

车辆充电前应在（25 ± 5）℃环境中浸车 12 h 以上，并在此环境下进行试验。

交流充电试验　在充电桩与新能源汽车之间，以不小于 1 Hz 的采集频率实时连续记录充电过程中的电量，以充电设备端提示充电完成作为充电结束的标准，记录充电时间 t_1（单位用 h 表示，数值精确到小数点后两位），及其对应的电量 E（单位以 kW · h 表示，数值精确到小数点后两位）。

直流充电试验　在充电桩与新能源汽车之间，以不小于 1 Hz 的采集频率实时连续记录充电过程中的电量，记录 80%E 对应的充电时间 t_2（单位以 h 表示，数值精确到小数点后两位），同时记录充电充到 80%SOC（依据直流充电通信报文）对应的充电电量 E_2 和充电时间 t_3。

<<< 1. 充电速率计算方法

交流充电速率：充电总电量 E 与充电时间 t_1 的比值（kW · h/h，数值精确到小数点后两位）。

例如，到充电结束时，充电总电量 E 为 40.46 kW · h/h，充电时间是 8.23 h，则充电速率为：40.46/8.23≈4.92。

直流充电速率：80%E 与充电时间 t_2 的比值（kW · h/h，数值精确到小数点后两位）。

<<< 2. 百公里充电时间计算方法

交流百公里充电时间：进行 CLTC-P 工况法条件下的续驶里程试验至试验循环结束，测量试验中所计算得到的常温电耗与交流充电速率的比值，单位用 h 表示，数值精确到小数点后两位。例如，从续驶里程试验测得百公里耗电量为 14.72 kW · h，交流充点速率为 4.92，那么交流百公里充电时间为：14.72/4.92=2.99（h）。

直流百公里充电时间：进行 CLTC-P 工况法条件下的续驶里程试验至试验循环结束，测量试验中所计算得到的常温电耗与直流充电速率的比值，单位用 h 表示，数值精确到小数点后两位。

注意：如果在试验过程中，首次发生充电异常终止的情况，待测车辆重新进行车辆预处理并重新一次试验；如果在试验过程中，第二次发生充电异常终止的情况，结束试验。

实训 12　低温充电速率试验

<<< 1. 试验条件

交流充电设备规格：7 kW 交流充电设备。

直流充电设备规格：不低于 120 kW 的直流充电设备。

所有充电设备均应符合当前国家标准《电动汽车传导充电互操作性测试规范　第 1 部分：传电设备》（GB/T 34657.1—2017）、《电动汽车非车载传导式充电机与电池管理系统之间的通信协议一致性测试》（GB/T 34658—2017）、《电动汽车传导充电用连接装置　第 1 部分：通用要求》（GB/T 20234.1—2023）、《电动汽车传导充电用连接装置　第 2 部分：交流充电接口》（GB/T 20234.2—2023）和《电动汽车传导充电用连接装置　第 3 部分：交流充电接口》（GB/T 20234.3—2023）要求。

2. 车辆预处理

按以下方法对车辆进行预处理，放电至最小荷电状态。首先，试验车辆以 30 min 最高车速的 65%～75%的稳定车速行驶，使车辆的动力电池放电。放电在车速不能达到 30 min 最高车速的 65%时结束。

3. 试验程序

车辆充电前应在−10 ℃环境中浸车 14～16 h，并在此环境下进行试验。

交流充电试验：先插入供电端插头，再插入车辆端插头，然后操作充电桩开始充电，检查车辆的充电状态；车辆均应启动充电，充电过程中，若充电接口配置电子锁，电子锁装置应保持锁止。

直流充电试验：在充电桩与新能源汽车之间，以不小于 1 Hz 的采集频率实时连续记录充电过程中的电量，记录充电至 80%SOC（依据直流充电通信报文）对应的充电时间 t_3（单位以 h 表示，数值精确到小数点后两位）与充电电量 E_3。

计算：低温充电时间和常温充电时间比例 t_4:t_3 和充电电量比例 E_3:E_2。

注意：如果在试验过程中，首次发生充电异常终止的情况，待测车辆重新进行车辆预处理并换桩重新进行一次试验；如果在试验过程中，第二次发生充电异常终止的情况，结束试验。

最新科技

800 V 电动汽车高压平台

纯电动汽车，其充电速度相较于传统燃油车而言是一大短板。充电效率直接影响用户的日常出行体验。为此，各大车企纷纷加大研发力度，致力于提升充电速度，其中 800 V 电动汽车高压平台技术成为发展方向。

图 2-19　800 V 电动汽车高压平台

800 V 电动汽车高压平台（图 2-19）技术优势显著。首先，它能够显著提升充电速度，缩短充电时间。其次，该技术还能有效减少充电过程中的能量损耗，提高能量利用效率，从而延长车辆的续航里程。2023 年小鹏 G6、极氪 007、吉利银河 E8、星纪元 ES 等车型均搭载了这一先进技术。这种领先的技术布局和创新实力无疑将为用户带来更为优质的用车体验，并推动新能源汽车行业的持续发展。

任务拓展

800 V 电动汽车高压平台调研与思考

请解释为什么 800 V 电动汽车高压平台能提高充电效率？调研周围是否有支持 800 V 快充的充电桩，以及具体分布情况。请将答案上传线上课程讨论区。

任务工单

任务 2-3 新能源汽车充电速率试验工单

<table>
<tr><td>学生姓名</td><td></td><td>班级</td><td></td><td>任务成绩</td><td></td></tr>
<tr><td rowspan="4">充电速率</td><td colspan="5">交流充电速率：</td></tr>
<tr><td colspan="5"></td></tr>
<tr><td colspan="5">直流充电速率：</td></tr>
<tr><td colspan="5"></td></tr>
<tr><td rowspan="4">百公里充电时间</td><td colspan="5">交流百公里充电时间：</td></tr>
<tr><td colspan="5"></td></tr>
<tr><td colspan="5">直流百公里充电时间：</td></tr>
<tr><td colspan="5"></td></tr>
<tr><td rowspan="4">低温充电速率试验</td><td colspan="5">计算低温充电时间和常温充电时间比例 $t_4:t_3$</td></tr>
<tr><td colspan="5"></td></tr>
<tr><td colspan="5">计算低温充电电量和常温充电电量比例 $E_3:E_2$</td></tr>
<tr><td colspan="5"></td></tr>
</table>

理论测验

1. 根据《电动汽车传导充电用连接装置 第 2 部分：交流充电接口》(GB/T 20234.2—2023)，交流充电接口中 CC 端口的功能是什么？

A. 充电通信　　B. 充电连接确认

C. 控制导引　　D. 保护接地

2. 下列哪种充电方式属于新能源汽车的充电方法？

A. Reflex 快速充电法　　B. 间歇充电法

C. 脉冲充电法　　D. 智能充电法

3. 当新能源汽车使用直流充电时，与供电控制装置检测点 1 连接的充电接口端子是哪个？

A. CC1（充电连接确认）　　B. CP（控制导引）

C. PE（保护接地）　　D. N（中线）

4. 在交流充电互操作性试验中，可以通过检测点 1 的电压值来判断哪个开关的开合状态？

A. S1　　B. S2

C. S3　　D. S4

5. 下列哪一项是新能源汽车充电安全的重要方面？

A. 防止触电　　B. 防止过充

C. 防止燃油泄漏　　D. 防止火灾

项目 3
新能源汽车安全试验

不管是燃油汽车还是新能源汽车，车辆安全都是人们非常在意和关注的。其实新能源汽车除了电池安全之外，其他如碰撞安全试验、性能试验与普通燃油汽车并没有什么不同之处。新能源汽车由于电池组的存在，在碰撞的时候很有可能会产生着火甚至爆炸等情况，所以在针对新能源汽车安全试验的时候，除了常规车身安全外，还要对电池的安全进行试验。还有就是由于新能源汽车大功率电器部件多，会产生比传统汽车多的电磁辐射，所以试验对人体的电磁辐射也很重要。这个项目我们就来学习这两项试验的内容。

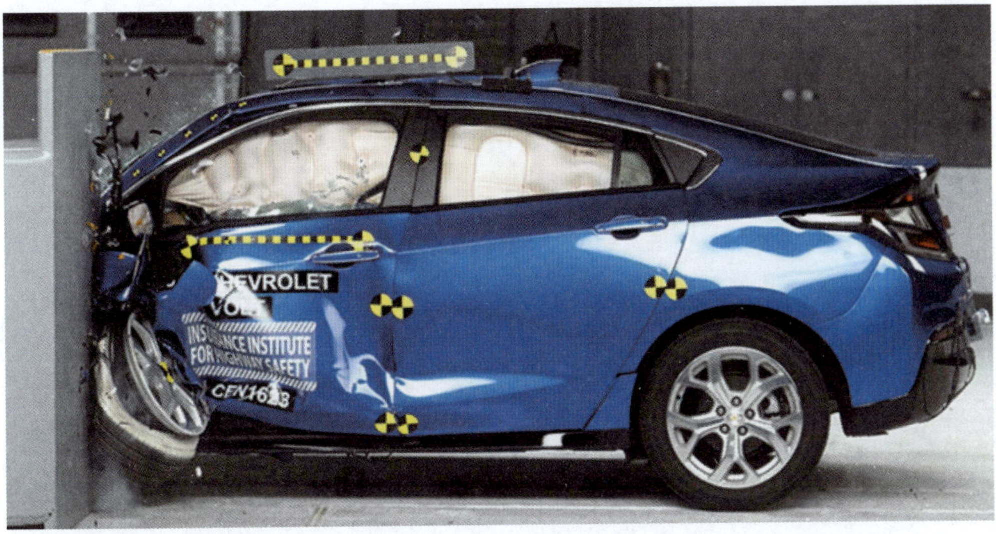

学习目标

知识目标

1. 掌握新能源汽车碰撞试验后的安全试验工作步骤；
2. 掌握新能源汽车人体电磁防护试验步骤。

技能目标

1. 能评估新能源事故车的安全性；
2. 能解答客户关于新能源汽车电磁辐射的疑问。

工作任务

任务 3-1　新能源汽车碰撞后安全试验；
任务 3-2　新能源汽车人体电磁防护试验。

任务 3-1　新能源汽车碰撞后安全试验

任务描述

本次任务学习新能源汽车碰撞后的安全试验，以及在试验环节用到的兆欧表的使用，在试验中因为涉及高压部件，所以特别要注意用电安全。

任务目标

1. 掌握高压数字兆欧表的使用；
2. 掌握新能源汽车碰撞后的安全试验步骤。

相关知识

3-1-1　高压数字兆欧表的使用

下面以 NR5053 高压数字兆欧表为例介绍高压数字兆欧表的使用方法。

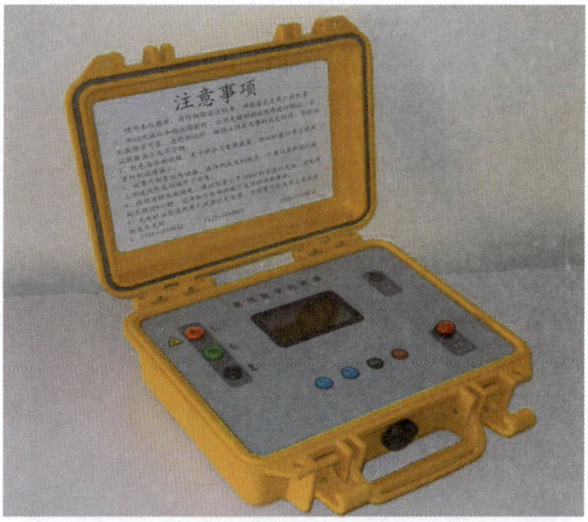

图 3-1　NR5053 高压数字兆欧表

1. 仪器面板介绍

（1）线路端钮接线柱“L”：由高压电缆引至被测物处，例如接至发电机绕组、避雷器等处。

（2）屏蔽端钮接线柱“G”：接至被测物屏蔽端、保护端处。

（3）接地端钮接线柱“E”：接至被测物的地端，例如被测物外壳、变压器铁芯、仪器安全接地端。

（4）充电：充电器专用插孔。

（5）绝缘阻值显示屏：128 × 64 带背光点阵显示屏。

（6）电源总开关：控制兆欧表的打开与关闭。

（7）【项目】键：用于吸收比、极化指数、快速试验和绝缘试验的选择。

（8）【电压】键：A. 用于选择输出高压。

B. 试验中显示吸收比、极化指数和 1 min 到 10 min 的电阻值。

（9）【启动】键：按下启动试验。

（10）【停止】键：按下停止试验，关闭高压。

<<< 2. 操作流程

1）准备及接线

仪表使用前，应先将总电源键调至“关”位置。被测物应脱离供电，并经人工放电，证明安全后，方可实施接线。

L 端钮接线柱：接至被测设备，如变压器线圈、电缆芯线等。

G 端钮接线柱：接至屏蔽部件。

E 端钮接线柱：接至被测物的地端，即设备外壳、变压器铁芯等接地端。

安全注意

高压线一端为两根红绿引出线，试验时分别接仪表面板上的端子：红——L；绿——G;。为确保个人和设备的安全，请务必检查接地线的可靠性。

2）使用方法

（1）开机后，仪表显示设备型号、编号，如图 3-2 所示。如果电池电量低，仪表将以声响提示并显示“请充电”。之后显示中文菜单。

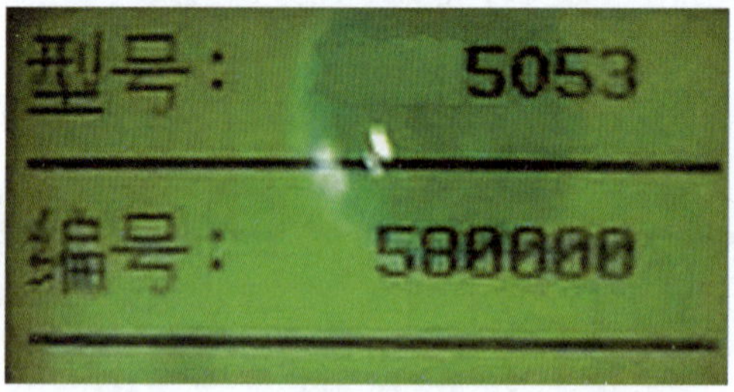

图 3-2 开机界面

（2）可根据不同需要在菜单中进行选择。按【项目】键，在【方式】处显示：吸收比、极化指数、快速试验、绝缘试验 4 种试验方式。按【电压】可在电压处选择并显示：500 V、1 000 V、2 500 V、5 000 V 等各种额定挡位电压，如图 3-3 所示。

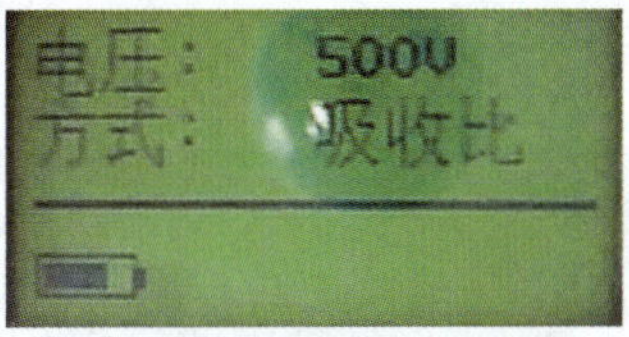

图 3-3 方式和电压显示

4 种试验项目的功能与区别：

（1）绝缘试验：可连续测量，特别适用于大型主变压器故障判断，可动态显示 R15S、R60S 的阻值；试验时间到达 60 s 后，每一分钟自动记录一次试验值，按【电压】键可轮流显示吸收比每一分钟的试验值。

（2）吸收比：用于专项吸收比测量。试验时间到达 60 s 后关闭高压，显示吸收比、15 s 和 60 s 的电阻值，按【电压】键可查看。

（3）极化指数：用于专项极化指数测量并可对吸收比进行动态显示，特别适用于大型主变压器实验；试验时间到达 10 min 后关闭高压。试验过程中时间到达 60 s 后，显示吸收比、15 s 和 60 s 的电阻值；试验时间到达 10 min 后，自动关闭高压，显示极化指数、吸收比的各项参数。按【电压】键可轮流显示。

（3）快速试验：专用于非容性试品的快速测量。试验速度快，只显示电阻值和输出电压值，建议在试验纯电阻或进行检验时建议使用该选项。

<<< 3. 试验前注意事项

（1）如果电池电量低，对使用 2 500 V 或 5 000 V 对小阻值或电容试品进行试验时，有可能出现自动关机的现象。

（2）在选择常规、吸收比、极化指数项目试验时，试验线必须先接好，否则试验数据不准确，或吸收比和极化指数不合格。

（3）在重复试验容性试品时，必须把试品放电 5 min 以上，特别是试验电压比上一次的电压低时，放电的时间要延长，否则试验的电阻值比实际值大很多，失去可比性。

（4）在环境温度非常低的情况下，试验的数据要比在标准 25 ℃环境时的数据偏大。环境温度比较高的时候，试验的数据比 25 ℃环境时要偏小。

<<< 4. 试验详细过程界面

以试验电压为 5 000 V，试品为 200 G 并联 0.3 μF 的电容，试验项目为：极化指数。模拟试验过程如下：

（1）按【启动】键后显示如图 3-4 所示。

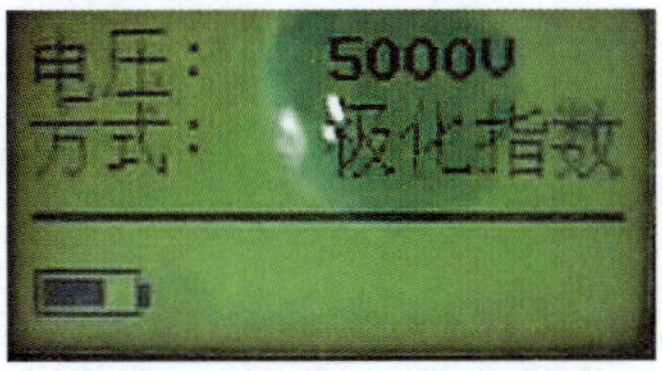

图 3-4 极化指数显示

（2）试验环境选择“轻度干扰”（图 3-5）。

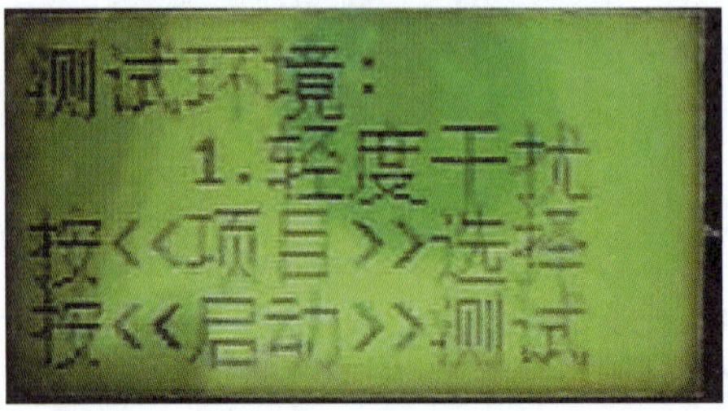

图 3-5　试验环境

（3）再按【启动】键，则进入试验阶段。高压输出指示灯闪烁。试验界面如图 3-6 所示。

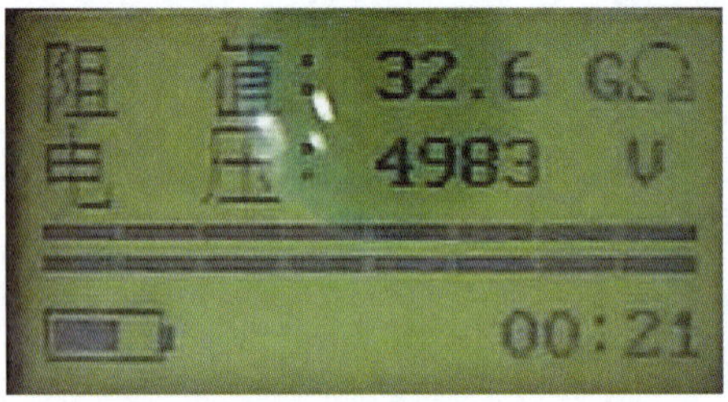

图 3-6 试验界面

（4）试验中自动记录 15 s（R15S）、60 s（R60S）及 2、3、4、5、6、7、8、9、10 min 的电阻值，分别表示为：R2M、R3M、R4M、R5M、R6M、R7M、R8M、R9M、R10M。并自动计算吸收比（IR）和极化指数（PI）的值（图 3-7）。试验过程中按【电压】键，轮流显示吸收比和极化指数的各项参数（试验时间达到要求）。

图 3-7　试验结果界面

（5）试验完毕后，数据将停留在最后界面，按【电压】键可以轮流查看各参数的值，按【停止】键返回开始菜单。

5. 电池的使用与维护

（1）新购买新仪器时，出厂时电池都充满电。如果长时间不使用仪表，至少每两个月进行一次充放电。

（2）电池电量不满时，可随时充电，充满电时间需要 6 h 左右。

（3）如果电池充满电后可用的时间很短，则应该更换电池，因为电池属于易耗品，不在保修范围内。

（4）充电时，仪器将不会显示任何提示。外置充电器上有充电过程指示灯，红色表示正在充电，绿色表示已经充满或者充电已经达到 90%以上。

（5）电池没有电后，如果需要应急使用，插上充电器可应急使用，但抗干扰能力有所减弱。

（6）充电完成后，必须拔掉充电器，重新启动方可使用。

6. 注意事项

（1）为确保人身及设备的安全，应注意仪器接地及试验完毕后放电问题。

（2）兆欧表内虽有高压泄放回路，为了保证安全，兆欧表退出工作状态后，在拆除接线前，仍必须人工放电，确保被测物放电完毕安全后，方可实施拆线操作。

（3）试验接线前，须确认兆欧表未进入工作状态，被测物应脱离供电，并经人工放电，证明安全后，方可实施接线操作。

（4）兆欧表在测量时，接线柱两端有直流高压输出，应注意安全，防止电击伤人。

（5）兆欧表携带至现场使用前，电池应充足能量，一般短时充电可应急使用，但为了延长电池的使用寿命，电池充电前，应放电充分，且最佳充电时间为 6 h 左右。

（6）试验现场空气湿度大时，或被测物表面污秽时，可将端钮接线柱“G”接于被测物表面层（护环）上，以旁路因表面漏电而引起的测量误差。

（7）当仪表显示屏上电池符号内无黑色条且仪器显示屏有缺电显示，并伴有声音提示时，说明内部电池能量不足，为了延长电池寿命，请停止使用仪表，进行充电操作。

（8）仪表应存放于室温−10～50 ℃、相对湿度 20%～90%，且空气中不含有腐蚀性气体和有害物质的场所。

3-1-2　碰撞安全试验方法

本节进行的是可变形移动壁障侧面碰撞试验：移动台车前端加装可变形吸能壁障（简称移动壁障），冲击试验车辆驾驶员侧（图 3-8），要求如下：

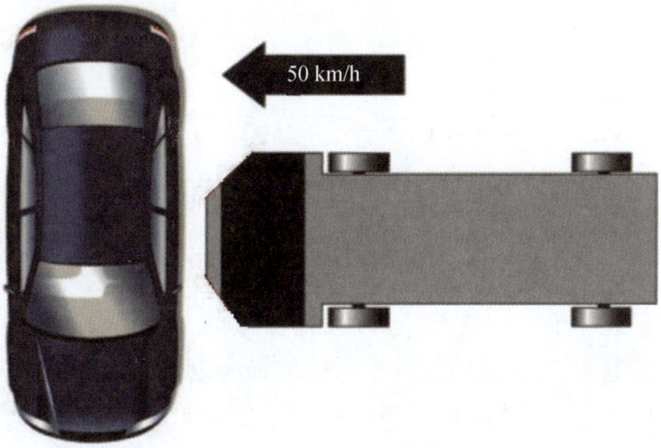

图 3-8　可变形移动壁障侧面碰撞试验示意图

（1）移动壁障行驶方向与试验车辆垂直，移动壁障中心线对准试验车辆 R 点向后 250 mm 位置，碰撞速度为 50 km/h（试验速度不得低于 50 km/h）。

（2）移动壁障的纵向中垂面与试验车辆上通过碰撞侧前排座椅R点向后250 mm处的横断垂面之间的距离应在 ±25 mm 内。

（3）在驾驶员位置放置一个 WorldSID 50th 型假人，用以测量驾驶员位置受伤害情况。

（4）在第二排座椅被撞击侧放置 SID-IIs（D 版）假人，用以测量第二排人员受伤害情况。

任务实施

实训 13　撞后安全试验

实训 13.1　防触电保护性能试验

防触电保护性能评价指标分为基本条款（必测项目）和选项条款（任选其一）。

（1）基本条款为可充电储能系统（REESS）端绝缘电阻：测量 REESS 端高压母线与电底盘之间的绝缘电阻，根据 C-NCAP（2018 版）1.12.5.1.1 的规定，测量计算绝缘电阻阻值应大于或等于 100 Ω/V。

（2）选项条款为四项中任选其一，每一条高压母线至少应满足四项选项条款中的一项。

<<< 1. 基本条款

进行 REESS 端绝缘电阻测量，步骤如下：

（1）测量并记录高压母线的负极侧与正极侧之间的电压（V_b），负极侧与电底盘之间的电压（V_1），正极侧与电底盘之间的电压（V_2），如图 3-9 所示。

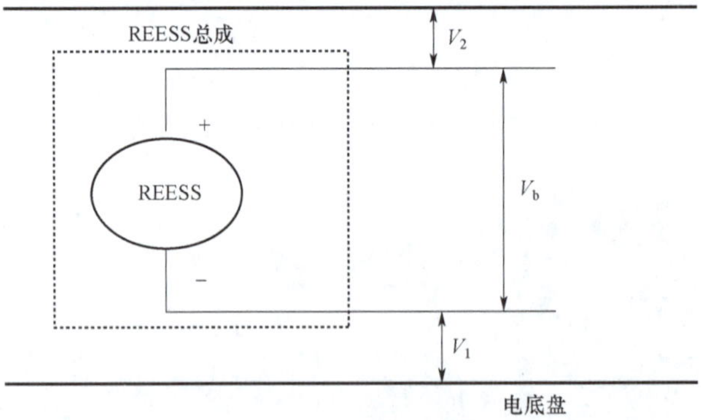

图 3-9　REESS 端电压测量电路示意图

（2）如果 V_1 大于或等于 V_2，在高压母线的负极侧与电底盘之间插入一个已知的标准电阻（R_0）。已知的标准电阻 R_0 的阻值应等于所要求绝缘电阻的最小值（单位：Ω/V）乘以车辆的工作电压（单位：V），但允许 ±20%的浮动。例如，本试验要求绝缘电阻的最小值是 100 Ω/V，车辆标准电压是 360 V，则 R_0=100×360=36 000（Ω）。

（3）安装 R_0 之后，测量高压母线的负极侧与车辆电底盘之间的电压（V_1'），如图 3-10 所示。

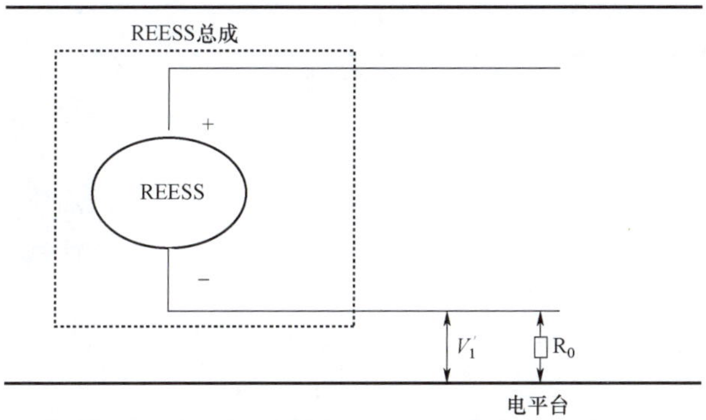

图 3-10　R_0 电阻并入 REESS 负极侧电路示意图

根据下式计算绝缘电阻（R_i）：

$$R_i=R_0\times V_b\times(1/V_1'-1/V_1) \tag{3-1}$$

（4）如果 V_2 大于 V_1，在高压母线的正极侧与电底盘之间插入一个标准的已知的电阻（R_0）。安装 R_0 之后，测量高压母线的正极侧与车辆电底盘之间的电压（V_2'），如图 3-11 所示。

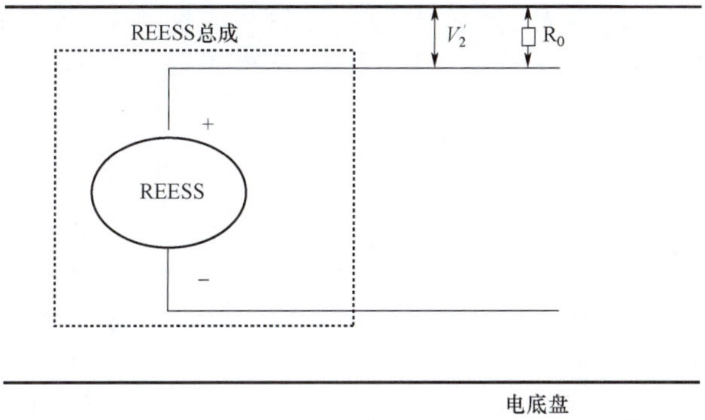

图 3-11　R_0 电阻并入 REESS 正极侧电路示意图

根据下式计算绝缘电阻（R_i）：

$$R_i=R_0\times V_b\times(1/V_2'-1/V_2) \tag{3-2}$$

将结果 R_i（电气绝缘电阻值，单位为Ω）除以高压母线的工作电压 V（单位为 V），即可算出绝缘电阻的阻值：

$$R=R_i/V$$

计算出的绝缘电阻阻值应大于或等于 100 Ω/V。

<<< 2. 选项条款

1）电压安全

在碰撞试验结束车辆静止后 5 ～60 s 之间测量压值 V_b（高压母线正负极之间的电压）、

V_1（高压母线负极与电底盘之间的电压）和 V_2（高压母线正极与电底盘之间的电压），测量结果应至少有一组 V_b、V_1、V_2 的测量值均不大于 30 V 交流或 60 V 直流，电压测量示意图如图 3–12 所示。

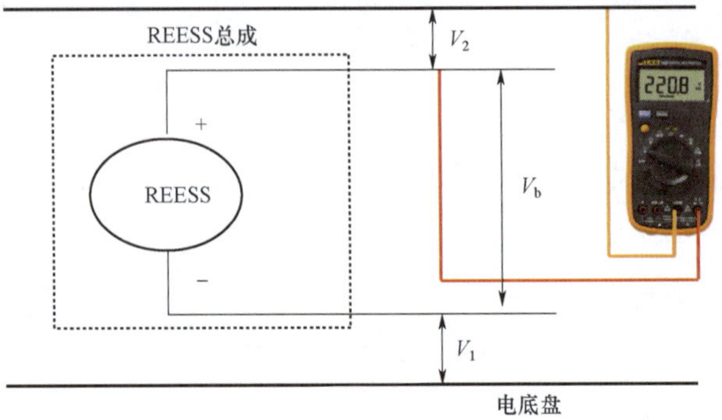

图 3–12　电压测量示意图

在车辆 REESS 与电力系统负载主动断开的情况下进行碰撞试验时，电力系统负载不适用本条。

2）电能安全

碰撞试验结束后 5～60 s 内，根据下面方法规定测量 X–电容器的总电能 TE 和 Y–电容器里的能量（TE_{y1}，TE_{y2}），测量计算值 TE 和 $TE_{y1}+TE_{y2}$ 均应小于 0.2 J。

注意： 在车辆 REESS 与电力系统负载主动断开的情况下进行碰撞试验时，电力系统负载不适用本条款。

在碰撞试验前，将开关 S1 和一个已知的放电电阻 R_e 并联连接到相关的电容，保持开关 S1 断开，如图 3–13 所示。

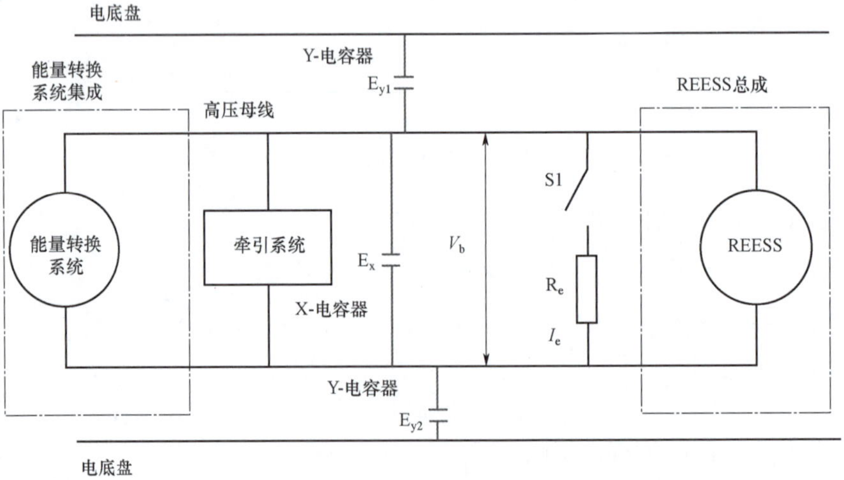

图 3–13　电能测量示意图

在碰撞试验结束车辆静止后 5 ～60 s 内，开关 S1 闭合，同时测量并记录电压 V_b 和电流 I_e。V_b 和 I_e 的乘积应与这段时间进行积分（从 S1 闭合的时间 T_c 至电压 V_b 降低到高压阈值

60 V 直流的时间 T_h），所得积分等于总能量 TE，单位为 J，计算公式如下：

$$TE=\int_{t_c}^{t_h} V_b I_e \mathrm{d}t \tag{3-3}$$

或在碰撞后 5 ~60 s 之间的一个时间点测量 V_b，并且当 X-电容器（E_x）的电容（C_x）由制造商规定时，应按下式计算总能量 TE：

$$TE=0.5\times C_x\times(V_b^2-3\,600) \tag{3-4}$$

在碰撞后 5 ~60 s 之间的一个时间点测量 V_1、V_2，并且 Y-电容器（E_{y1}、E_{y2}）的电容（C_{y1}，C_{y2}）由制造商规定时，应按下式分别计算总能量 TE_{y1} 和 TE_{y2}：

$$TE_{y1}=0.5\times C_{y1}\times(V_1^2-3\,600)$$

$$TE_{y2}=0.5\times C_{y2}\times(V_2^2-3\,600)$$

3）物理防护

物理防护测量分直接接触测量和间接接触测量两部分。直接接触测量是根据下面方法规定使用 IPXXB 试验指进行车辆高压带电部件的接触性试验；间接接触测量是根据下面方法规定使用测量设备对所有外露的可导电部件与电底盘之间的电阻进行测量。

提示：测量试验时，直接接触测量 IPXXB 试验指应不与高压带电部位接触，且间接接触测量的电阻值应低于 0.1 Ω。对于采用焊接方式的电连接，视为符合要求。

小知识

IPXXB 试验指 1

IPXXB 试验指（图 3-14）是一种用于检测电气设备或机器部件防止人体触及危险部件的基本防护的试具，也用于防止手指触及的防护检验。相关的技术参数包括：弯指直径为 12 mm，弯指长度为 80 mm（三节总长度），挡板直径为 50 mm，挡板长度为 100 mm。此外，IPXXB 标准还强调产品安全设计，确保即使使用直径 12 mm 的试验指接触，也无法触及可能带来危险的部位。

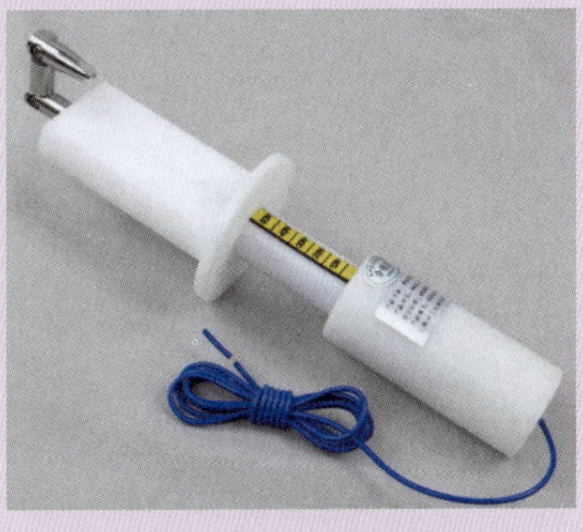

图 3-14　IPXXB 试验指

（1）直接接触测量。

碰撞试验后，不使用工具打开、拆卸或拆除高压部件周围的任何部件，周围所有余下的部件应被视为人体保护的一部分。其中内部屏障被视为是外壳的一部分。

用《外壳防护等级》(GB/T 4208—2017)定义的关节试验指(IPXXB)插入物理防护的任何缺口或开口，所用的试验力为(10 ± 1)N。如果关节试验指部分或全部进入物理防护部分，则关节试验指应从直线位置开始，试验指的两个关节应逐步旋转，直至相对于试验指相邻截面的轴线最大角度为 90°，并应安放在每个可能位置。

可用一面镜子或纤维镜来检查关节试验指是否接触高压母线，也可通过低压信号电路检查关节试验指是否接触高压带电部件。

(2) 间接接触测量。

对所有外露的可导电部件与电底盘之间的电位均衡性能进行测量试验。试验时在外露的可导电部件与电底盘之间施加一个试验的直流电，该直流电的试验电流不小于 0.2 A，电压小于 60 V，试验时间保持在 5 s 以上以得到稳定的试验数据。如果电位均衡，电阻试验结果可以保持足够的精度，可以使用较低的试验电流和/或较短的试验时间。

4）力系统负载端绝缘电阻测量

碰撞试验结束后，根据下面方法规定对负载端高压母线与电底盘之间的绝缘电阻进行测量，绝缘电阻测量结果视负载端交流高压母线与直流高压母线传导连接或传导绝缘的方式而采用不同评价方法。

(1) 如果交流高压母线和直流高压母线是互相传导绝缘的，直流高压母线与电底盘之间的绝缘电阻应大于或等于 100 Ω/V，交流高压母线与电底盘之间的绝缘电阻应大于或等于 500 Ω/V。

(2) 如果交流高压母线和直流高压母线是互相传导连接的，高压母线与电底盘之间的绝缘电阻应大于或等于 500 Ω/V。若碰撞后所有交流高压母线的保护级别达到 IPXXB 或者交流电压等于或小于 30 V，则负载端高压母线与电底盘之间的绝缘电阻应大于或等于 100 Ω/V。

试验时，将试验设备的正极(或负极)分别与高压母线的正负极相连接，试验设备的负极(或正极)与电底盘相连接，然后施加足够长时间的电压以获取稳定读数。如果系统有几个不同电压等级的带电部件(如包含升压转换器)，可施加各自的最大工作电压来进行绝缘电阻的测量，测量示意图如图 3-14 所示。

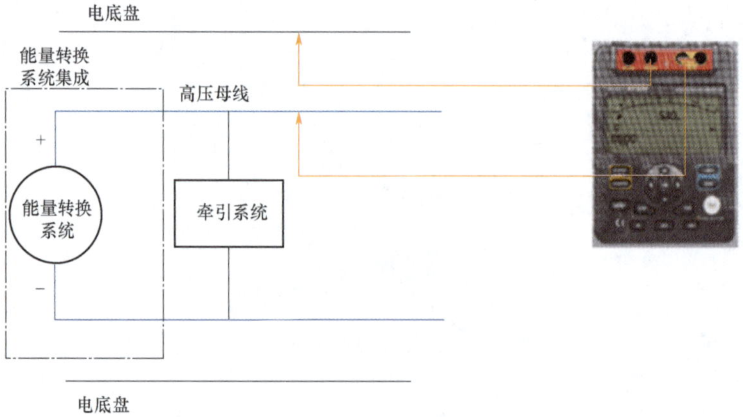

图 3-15　电力系统负载端绝缘电阻测量示意图

将试验结果中较低的 R_i 值作为高压母线与电底盘之间的绝缘电阻（电气绝缘电阻值，单位为Ω），再除以高压母线的工作电压 U（单位为 V），所得结果为绝缘电阻阻值 R。

$$R=R_i/U \tag{3-5}$$

此外，绝缘电阻可以根据基本条款中 REESS 端绝缘电阻的试验步骤，使电力系统负载连接到外部电源来测量。

安全注意

务必佩戴绝缘手套进行测量！

实训 13.2　REESS 安全评价

碰撞结束后 30 min 内，测量或检查电解液泄漏情况。不应有电解液从 REESS 中溢出到乘员舱，且不应有超过 5 L 的电解液从 REESS 中溢出。

位于乘员舱内的 REESS 应保持在安装位置，REESS 部件应保持在其外壳内；且位于乘员舱外面的任何 REESS 部分不应进入乘员舱内。

碰撞结束后 30 min 内，REESS 不起火、爆炸，即为安全。

安全注意

碰撞后的车辆需隔离放置，周围不得有易燃物，防止起火自燃！

任务拓展

调研并讨论防止电动汽车碰撞后短路自燃的技术

查找资料，收集目前有哪些防止电动汽车碰撞后短路自燃的技术，并将答案上传线上课程讨论区。

任务工单

任务 3-1 新能源汽车碰撞后安全试验任务工单

学生姓名		班级		任务成绩	

REESS 端绝缘电阻测量

分组进行 REESS 端绝缘电阻测量，记录高压母线的负极侧与正极侧之间的电压（V_b），负极侧与电底盘之间的电压（V_1），正极侧与电底盘之间的电压（V_2），并计算绝缘电阻 R，写出计算过程，每组派代表分享记录值

项目	V_b	V_1	V_2	R_0	R_i	R

电力系统负载端绝缘电阻测量

分组到实车上完成电力系统负载端绝缘电阻测量，每组派代表分享记录值。

项目	第一次测量值	第二次测量值	第三次测量值	第四次测量值	第五次测量值	计算 R 值
绝缘电阻值						

任务 3-2　新能源汽车人体电磁防护试验

任务描述

新能源汽车上有电机、控制器、电池等大功率电气设备，很多人觉得这些电器会产生大量电磁辐射，对人体有危害。本次任务就是来试验新能源汽车对人体的电磁辐射是否达标，主要分为两部分内容：电磁场强度分析仪的使用和车内人体电磁防护试验。

任务目标

1. 掌握电磁场强度分析仪的用法；
2. 掌握新能源汽车车内人体电磁防护试验方法。

相关知识

3-2-1　电磁场强度分析基础知识

1. 电磁辐射

电磁辐射是指电磁辐射源以电磁波的形式发射到空间的能量流。电磁辐射源发射的电磁波频率越高，它的波长就越短，电磁辐射就越容易产生。一般而言，只有当辐射体长度大于其工作波长的四分之一时，才有可能产生有效的电磁辐射。

2. 环境电磁场

环境电磁场有天然和人为两大类，它们是自然生物圈中的重要组成部分。

天然电磁场包括地球成因电磁场、近地球成因电磁场和宇宙成因电磁场，相应分为地球固定磁场（地磁场）、地球电场和从 10^3 Hz 到 10^{12} Hz 频率的交流电磁场。闪电是一种大气电，或称天电。地球、太阳和星系的核辐射，则是交流电磁场源。

人为的电磁场是由人类技术工程造成的。其电磁场辐射范围包括工业频率和全部的无线电（高频的或称射频的）频率域。电磁场的强度取决于发射功率、发射参数和离观察点的距离等。

也有将人为电磁场分为：工频电磁场、射频电磁辐射场和微波辐射场三大类，其中无线电广播、电视、微波通信等的各种射频设备的辐射，影响区域较大。

3. 电磁辐射的危害

电磁场虽然对整个人类社会的发展起着十分重要的作用，但同时也是一种特殊的致病因素。由这种因素引起的病称为无线电波病，由这种因素引起的环境污染称为电磁污染。医学生物学已确定电磁场的基本伤害因素为：电磁场的强度、场作用的持续时间、不同频率域的活度、外部条件、被作用的机体功能状态、场作用的稳定性和生理适应程度等。电磁场辐射的作用可以是急性的，也可以是慢性的，它可以使心脑血管、内分泌系统、神经系统、造血系统及其他器官产生机能紊乱。人体长时间处在电磁辐射下，容易产生失眠、嗜睡等植物神经功能紊乱症状，还可能伴有白细胞减少、视力模糊、心电图改变等症状。当环境改善或电磁辐射被解除时，神经系统和心血管系统的不良反应通常是可逆的。但是如果电磁辐射的时间过长，强度过强，就有可能造成人体多种组织器官的损伤。其主要特征为：头晕、失眠、视力下降、免疫力差等，具体表现为：

（1）构成儿童白血病的诱因，可能会使儿童智力下降。

（2）可能诱发癌症。

（3）对心血管、神经系统、内分泌系统、造血及生殖系统和视觉系统等造成不良影响。

（4）对人体的正常生物电流和生物磁场产生干扰，导致紊乱，引起相应疾病。

<<< 4. 电磁辐射为什么会伤害人体

电磁波与生物体之间存在着复杂的因果关系。近年来，有人提出外部电场与生物机体内部电场相互作用而引起危害的理论。根据这种理论，很低的辐射水平就有可能造成人体伤害。也有人提出共振引起的危害理论等。尽管如此，电磁辐射中热效应引起的伤害仍然是主要的。

电磁场不仅存在于真空中，也存在于物质空间中，包括生物组织。在无线电频谱中，电磁场的量子能很小，不可能改变分子结构或破坏分子键。当无线电频率为 300×10^{12} Hz 时，电磁场造成的最大量子能只有 1.2 MeV（兆电子伏）。而要打断最弱的氢键也需要 80 MeV 能量。所以，频率为 300×10^{12} Hz 及以下的无线电电磁波，称为非电离辐射。电离辐射，如天然核素的丙射线，频率一般都在 10^{12} Hz，能量最大为 2.6 MeV。这就是说，即使最高强度的非电离辐射，也不能在生物体中产生电离，而核辐射则可以产生电离，直接破坏生物体。非电离辐射产生的其他生物效应，如热反应、化学反应和电流在机体中的感应等，同样可以破坏生物机体，这就是电磁辐射产生危害的机理。

3–2–2 电磁场强度分析仪的使用

我们以德国柯雷公司的 E300 电磁场强度分析仪为例，介绍电磁场强度分析仪的使用方法。E300 电磁场强度分析仪是一个多功能、使用方便的高精度电磁测量仪表，外形如图 3–16 所示，具有以下性能优势：

（1）包含一个便携显示仪表和多个宽量程的电场和磁场探头。

（2）主机的可测量频率从 DC 直流分量到 50 GHz。

（3）大型的彩色 4.3 英寸触摸显示屏和易于使用的功能键。

（4）可存储 8 000 个测量数据，中英文界面。

（5）提供多种单位，如 V/m、Tesla、Gauss、A/m、dBm、dBμV、W/m^2、%。

（6）内置 GPS 传感器。

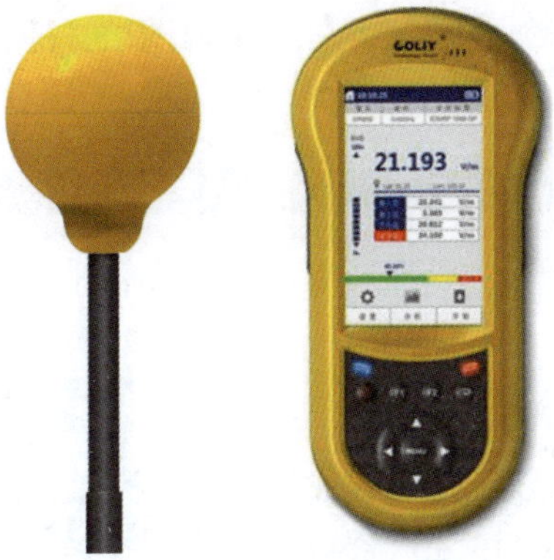

图 3-16　E300 电磁场强度分析仪

（7）主机自动识别探头参数，能极其准确地测量非电离辐射。

（8）内容丰富的图形化显示，可直观显示各类趋势图。

（9）美观的人性化操作界面，简单易上手。

（10）简单独特的菜单界面，不用看说明书也可以轻易操作。

（11）内置多种应用软件，其中的计算器，发挥了触摸屏优势。

（12）探头内置探头参数和校准参数，可直接连接到 E300 主机，而不会对校准精度有任何损失。

（13）校准提醒功能可让用户选择适当时机进行校准。

（14）内置 4 000 mA · h 可充电电池，超长待机时间，非常方便长时间在户外工作的用户。

（15）德式大型便携箱，防水防尘，坚固耐用，可容纳大量附件。

<<< 1. 开机

（1）长按电源键3 s，进入开机界面，屏幕显示如图 3-17 所示。

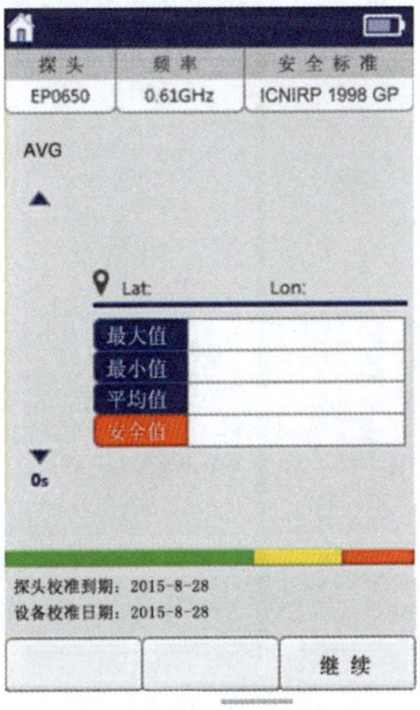

图 3-17　开机界面

（2）单击屏幕右下角【继续】按钮即可开始测量，屏幕显示如图 3-18（a）所示。若关闭自动存储功能，则【开始】按钮处显示为【存储】，如图 3-18（b）所示。

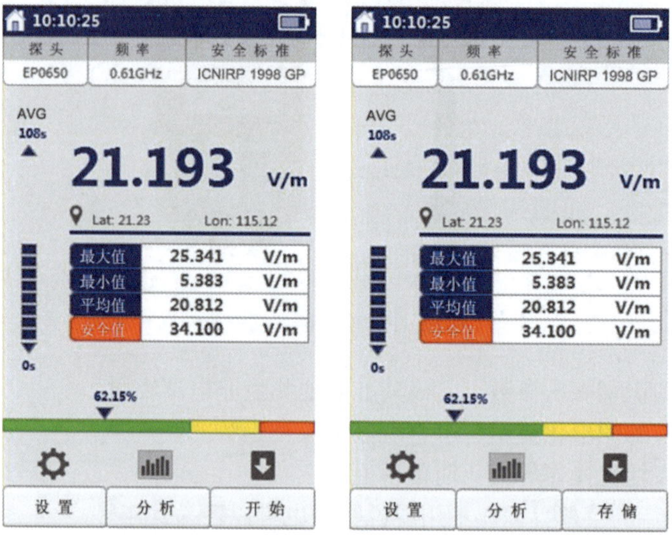

(a) 界面（一）　　(b) 界面（二）

图 3-18　测量界面

<<< 2. 设置

根据需要设置相关参数，单击图标或者左下角【设置】按钮进入设置界面，屏幕显示如图 3-19 所示。

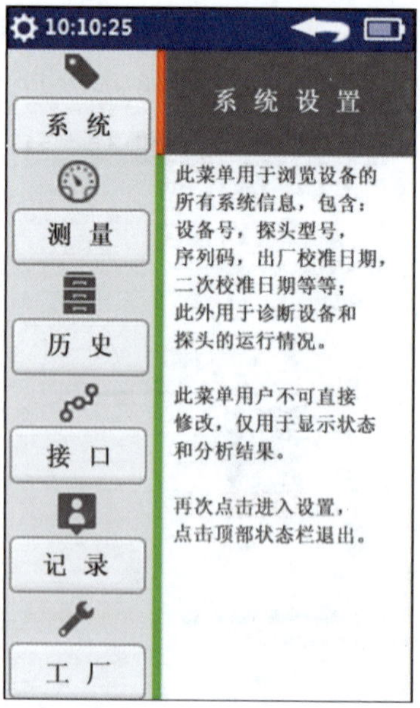

图 3-19　设置界面

1）系统设置

双击图标或单击【系统】按钮可进入系统设置界面。此菜单用于浏览该设备的所有系统信息，包括：

（1）设备信息：设备型号，序列码，出厂校准日期，二次校准日期等。

（2）软件信息：固件版本，操作系统版本等。

（3）探头信息：探头型号，电磁场，频率上下限，出厂校准日期，二次校准日期等。

此外，此菜单还可用于诊断设备和探头的运行情况。

提示：此菜单用户不可以直接修改，仅用于显示状态和分析结果。如已浏览完毕，单击顶部箭头可退出。

2）测量设置

双击图标或单击【测量】按钮可进入测量参数设置界面。此菜单用于设置测量相关的参数，包括：

（1）测量设置：语言，模式，单位，平均时间，自动校正，自动调零，省电模式，屏幕亮度，定时关机等。

（2）安全值和标准：安全标准，频率，报警值，报警模式等。

（3）时钟：年，月，日，时，分，秒，时间格式等。

提示：系统会自动保存已设置好的参数，如已设置完毕，单击顶部箭头可退出。

3）历史设置

双击图标或单击【历史】按钮可进入历史数据查询界面。此菜单用于浏览和管理历史数据记录。如已浏览或设置完毕，单击顶部箭头可退出。

4）接口设置

双击图标或单击【接口】按钮可进入接口设置界面，设置内容包括：

（1）串行接口：接口类型。

（2）录音设置：音量，耳机，文件格式等。

（3）GPS 设置：GPS 开关，刷新频率，单位等。

提示：如已设置完毕，单击顶部箭头可退出。

5）记录设置

双击图标或单击【记录】按钮可进入记录设置界面，设置内容包括：历史时间，记录时间，记录间隔，记录条件，上下限，存储情况，清除所有记录等。如已设置完毕，单击顶部箭头可退出。

6）工厂设置

双击图标/或单击【工厂】按钮可进入工厂设置界面，通过此菜单可浏览 Coliy 相关信息及恢复出厂设置。

<<< 3. 分析

E300 电磁场强度分析仪内附趋势图，可清晰直观地显示测量结果，单击图标或单击【分析】按钮进入趋势图界面，屏幕显示如图 3-20 所示。

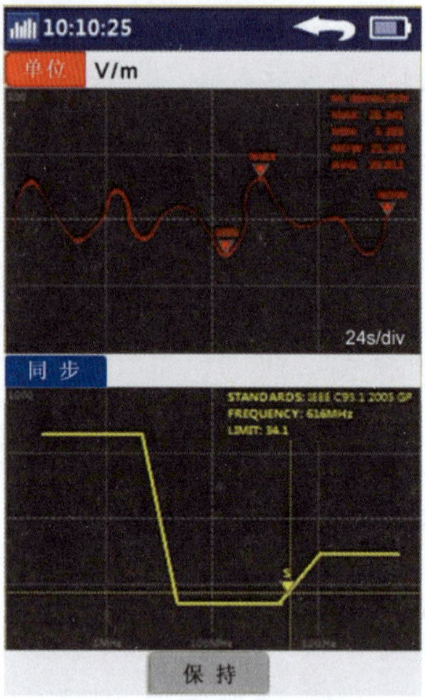

图 3-20　趋势图界面

在该界面中，可看到当前测量结果的单位、最大值、最小值、平均值、当前值和安全标准等信息。单击【保持】按钮，屏幕显示如图 3-21 所示。

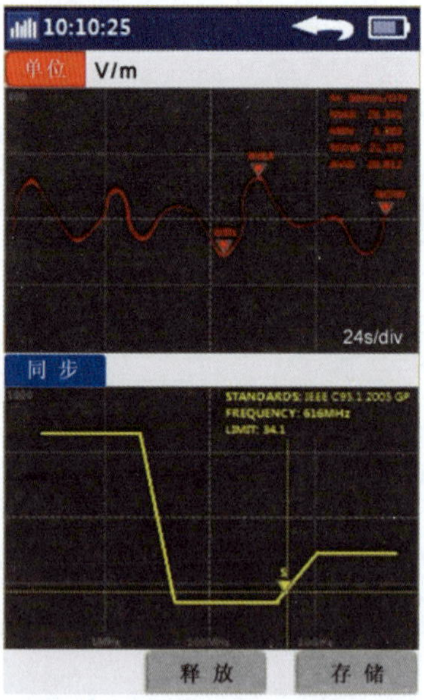

图 3-21　保持界面

单击【释放】按钮，可继续当前测量；单击【存储】按钮，则存储当前数据，存储为 HIS 模式。如已操作完毕，单击顶部箭头可退出。

单击图标⬇或单击【开始】按钮，则仪器按照设置好的参数开始自动存储数据。若关闭了自动存储数据功能或者将平均时间设置为“os”，【开始】按键则显示为【存储】，此时只能手动存储，单击【存储】按钮，即可存储当前数据。

<<< 4. 关机

如已完成测量工作，长按电源键 5 s 关机，将仪器小心放入便携箱内，置于干燥阴凉的地方妥善保管。

提示：在正常测量状态下，轻按电源键一下，屏幕进入黑屏省电模式，仪器可正常测量。

<<< 5. 充电

若仪器显示电量低，须及时充电。充电时，将电源适配器数据线连接仪器左侧 USB 通用接口即可。充满电后，将相关配件妥善保管以便下次使用。

小知识

电磁场由电场强度、电通密度、磁场强度、磁感应强度等四个相互有关矢量确定的，与电流密度和体电荷密度一起表征介质或真空中的电和磁状态的场。

电场强度：矢量场量 $\boldsymbol{E}$，其作用在静止的带电粒子上的力等于 E 与粒子电荷的乘积，其单位为伏特每米（V/m）。

磁场强度：矢量场量 $\boldsymbol{H}$，在给定点，等于磁感应强度除以磁导率，并减去磁化强度，其单位为安培每米（A/m）。

磁感应强度：矢量场量 $\boldsymbol{B}$，其作用在具有一定速度的带电粒子上的力等于速度与 B 矢量积，再与粒子电荷的乘积，其单位为特斯拉（T）。在空气中，磁感应强度等于磁场强度乘以磁导率 μ_0，即 $\boldsymbol{B}=\mu_0\boldsymbol{H}$。

功率密度：标量场量 S，为穿过与电磁波的能量传播方向垂直的面元的功率除以该面元的面积的值，单位为瓦特每平方米（W/m^2）。

任务实施

实训 14　人体电磁防护试验

<<< 1. 准备工作

（1）试验场地可选在室内或室外进行，环境电场、磁场曝露应低于限值的 10%。若使用测功机进行试验，应根据车辆整备重量设置道路负荷。

（2）测量时，所有能由驾驶员或乘客手动打开，且持续工作时间超过 60 s 的车载电器都应处于典型负载状态，推荐状态应至少包括：车辆前照灯设为远光状态、仪表灯为最大亮度、前刮水电动机以最大速度工作、空调工作、收音机打开且设为中等音量。

（3）所有可以调节的座椅都应在前后可动范围内调至中央位置，上下可动范围内调至最低位置。

（4）所有可调节角度的椅背，调至 15° ± 5° 后倾角度。

（5）在试验过程中，车辆电量应在 20%～80%之间。

2. 试验过程

1）行驶状态

车辆的行驶状态包括匀速状态、加速状态和减速状态，应按照上面步骤对车载电气设备进行设置：

（1）匀速状态时车辆速度为 40 km/h。

（2）加速状态时车辆以大于或等于 2.5 m/s^2 的加速度从静止开始加速到 90 km/h 或达到最高速度为止，减速状态时车辆以大于或等于 2.5 m/s^2 的减速度从 90 km/h 或最高速度开始减速直到停车为止。

2）行驶状态测量

（1）车辆处于匀速状态时，使用可覆盖 10 Hz～400 kHz 频段的磁场曝露分析仪，分别对车内各个座椅的头部、胸部、生殖部、脚底板及中控位置进行试验，记录各位置的最小裕量值（dB），进一步找出裕量最小的位置，再对此位置进行加速工况和减速工况等恶劣工况的试验，以获得恶劣工况下的车内磁场辐射试验结果。最终，取该位置在匀速状态、加速状态和减速状态测得的最小裕量值的最小值作为评分依据。

（2）测量车辆在匀速行驶、加速和减速工况下磁场辐射值，依据《电磁环境控制限值》（GB 8702—2014）中的公众参考限值（表 3–1）要求计算最小裕量，并以该裕量值作为评分依据。

3）评分方法

裕量值大于等于 12 dB，为通过。

表 3–1　电磁场公共曝露限值

频率范围	电场强度 E/（V/m）	磁场强度 H/（A/m）	磁感应强度 B/（μT）	等效平面波功率密度 S_{eq}/（W/m^2）
1～8 Hz	8 000	32 000/$f^{1/2}$	40 000/$f^{1/2}$	—
8～25 Hz	8 000	4 000/f	5 000/f	—
0.025～1.2 kHz	200/f	4/f	5/f	—
1.2～3 kHz	200/f	3.3	4.1	—
3～5 kHz	200/f	10/f	12/f	—
5～100 kHz	40	10/f	12/f	—
0.1～3 MHz	40	0.1	0.12	4
3～30 MHz	67/$f^{1/2}$	0.17/$f^{1/2}$	0.21/$f^{1/2}$	12/f
30～3 000 MHz	12	0.032	0.04	0.4
3 000～15 000 MHz	0.22$f^{1/2}$	0.001$f^{1/2}$	0.0012$f^{1/2}$	f/7 500
15 000～300 000 MHz	27	0.073	0.092	2

注：（1）频率 f 的单位为所在行中第一栏的单位；

（2）架空输电线走廊内的农田和公众偶尔停留或活动的场所，其频率 50 Hz 的电场强度限值为 10 kV/m，且应给出警示和防护指示标志。

小知识

最小裕量

要解释什么是最小裕量，首先要介绍裕量。某个频率下：裕量=标准限值（dB）−测量结果（dB）。因此，最小裕量就是整个测量频率范围内与标准限值之间相差最小的频率点，即测量结果最大时的裕量就是最小裕量。

任务拓展

调研并讨论防止电动汽车电磁辐射的技术

查找资料，收集目前有哪些防止电动汽车电磁辐射的技术，并将答案上传线上课程讨论区。

任务工单

任务 3–2 新能源汽车人体电磁防护试验任务工单

<table>
<tr><td>学生姓名</td><td></td><td>班级</td><td></td><td>任务成绩</td><td></td></tr>
<tr><td>车辆准备工作</td><td colspan="5">分组到实验室完成人体电磁防护试验前的准备工作，并将步骤记录下来：

</td></tr>
<tr><td>人体电磁防护试验</td><td colspan="5">分组对车内各个座椅的头部、胸部、生殖部、脚底板及中控位置进行试验，记录各位置的最小裕量值（dB）。
<table>
<tr><td>位置</td><td>头部</td><td>胸部</td><td>生殖部</td><td>脚底板</td><td>中控</td><td>最小裕量</td></tr>
<tr><td>主驾驶</td><td></td><td></td><td></td><td></td><td></td><td></td></tr>
<tr><td>副驾驶</td><td></td><td></td><td></td><td></td><td></td><td></td></tr>
<tr><td>后左</td><td></td><td></td><td></td><td></td><td></td><td></td></tr>
<tr><td>后中</td><td></td><td></td><td></td><td></td><td></td><td></td></tr>
<tr><td>后右</td><td></td><td></td><td></td><td></td><td></td><td></td></tr>
</table>
</td></tr>
</table>

理论测验

1. 在进行新能源汽车电池系统的漏电试验时，以下哪种情况被视为不合格？

A. 漏电电压大于 60 V 直流　　B. 漏电电压大于 60 V 交流

C. 漏电电压大于 30 V 直流　　D. 漏电电压大于 30 V 交流

2. 当使用绝缘电阻试验仪来检测新能源汽车电池系统碰撞后的漏电情况时，推荐的最小绝缘电阻值是多少？

A. 100 Ω/V　　B. 500 Ω/V

C. 1 000 Ω/V　　D. 2 000 Ω/V

3. 在检测新能源汽车电池漏电的过程中，以下哪种设备不是必需的？

A. 绝缘电阻试验仪　　B. 漏电流钳表

C. 数字万用表　　D. 高压防护装备

4. 关于电磁辐射对人体的影响，以下哪种说法是正确的？

A. 所有电磁辐射都会对人体造成伤害

B. 只有超过一定强度的非电离辐射才可能对人体产生不良影响

C. 非电离辐射绝对安全，不会对人体有任何影响

D. 电离辐射不会对人体健康构成威胁

5. 对于新能源汽车驾驶员和乘客来说，以下哪种情况下的电磁场曝露可能最高？

A. 在车辆静止且发动机关闭时　　B. 在车辆高速行驶时

C. 在车辆低速行驶时　　D. 在车辆充电时

项目4

新能源汽车动力系统试验

新能源汽车的核心在于其动力系统，它直接决定了汽车的性能、续航里程及安全性。那么，如何确保新能源汽车动力系统的可靠性和高效性呢？这就需要进行严格的试验。通过对动力系统的试验，可以了解其各项性能指标，发现潜在的问题，并为改进和优化提供依据。在本项目中，将深入学习新能源汽车动力系统试验的方法、流程和技术，了解不同类型的试验设备和工具，掌握试验数据的分析和处理方法，以及如何评估动力系统的性能和可靠性。让我们一起开启这段精彩的学习之旅，为新能源汽车的发展贡献自己的力量！

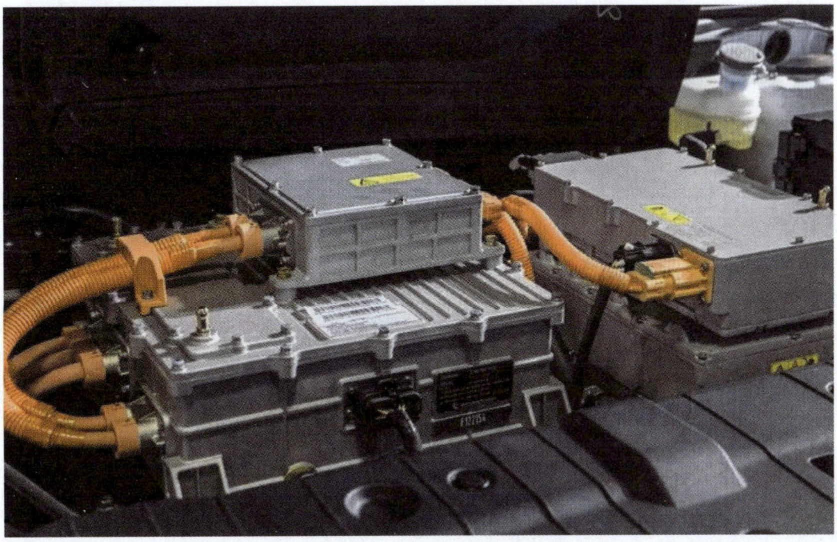

学习目标

知识目标

1. 掌握新能源汽车动力电池试验步骤；
2. 掌握新能源汽车电机及控制单元试验步骤。

技能目标

1. 能解答客户对于动力电池安全方面的疑问；
2. 能操作相关试验设备。

工作任务

任务 4-1　新能源汽车动力电池性能试验；
任务 4-2　新能源汽车驱动电机系统输入输出特性试验。

任务 4-1　新能源汽车动力电池性能试验

任务描述

动力电池作为新能源汽车的核心部件，其性能直接关系到车辆的续航里程、安全性和可靠性。为了确保动力电池的质量和性能符合标准要求，需要对其进行全面的性能试验，从性能试验数据的分析也可以对动力电池的改进和研究提供依据。

任务目标

1. 了解新能源汽车动力电池性能参数；
2. 掌握新能源汽车动力电池性能试验步骤。

相关知识

4-1-1　相关概念

1. 额定容量

室温下完全充电的蓄电池以 I_1 电流放电，达到企业技术条件中规定的放电终止条件时所放出的容量。

2. 初始容量

新出厂的动力蓄电池，在室温下完全充电后，以 I_1 电流放电至企业技术条件中规定的放电终止条件时所放出的容量。

3. 符号和缩略语

$T_{室}$：室温（25 ± 2）℃。
C_1：1 h 率额定容量，单位为 A · h。
I_1：1 h 率放电电流，单位为 A，其数值等于 C_1。

4-1-2　技术要求

1. 外观

单体蓄电池外观不得有变形及裂纹，表面无毛刺、干燥、无外伤、无污物，且宜有清晰、正确的标志。

<<< 2. 极性

单体蓄电池端子极性标识应正确、清晰。

<<< 3. 室温放电容量（初始容量）

单体蓄电池试验时，其放电容量应不低于额定容量，并且不超过额定容量的 110%，同时所有试验对象初始容量极差（所有样本的最大值和最小值之差）不大于初始容量平均值的 5%。

任务实施

实训 15　了解动力电池性能试验条件

<<< 1. 环境条件

除另有规定外，试验应在温度为（25 ± 5）℃，相对湿度为 25%～90%，大气压力为 86～106 kPa 的环境中进行。

<<< 2. 测量仪器、仪表准确度

测量仪器、仪表准确度应满足以下要求：

（1）电压测量装置：不低于 0.5 级；

（2）电流测量装置：不低于 0.5 级；

（3）温度测量装置：± 0.5 ℃；

（4）时间测量装置：± 0.1%；

（5）尺寸测量装置：± 0.1%；

（6）质量测量装置：± 0.1%。

小知识

精度等级

精度等级 0.5 表示电流表的额定误差为量程最大值的千分之五（5‰）。这表明在正常情况下，电流表的测量结果将在标称值上下千分之五的范围内。

精度等级=（额定误差/量程）× 100%

例如，一台最大量程为 5 A 的电流表，精度等级为 0.5。则其额定误差为：（0.5%/100%）× 5 A=0.025 A，该电流表在测量 5 A 电流时，其测量值将在（5 ± 0.025）A 的范围内。

我国工业仪表精度等级分为 0.1、0.2、0.5、1.0、1.5、2.5 和 5.0 七个等级，并标记在仪表刻度标尺或铭牌上。

实训 16　动力电池性能试验

1. 外观检查

在良好的光线条件下，用目测法检查单体蓄电池的外观。用电压表检测单体蓄电池极性。用量具和衡器测量单体蓄电池的外形尺寸及质量。

2. 单体蓄电池充电

室温下，单体蓄电池先以 I_1 电流放电至企业技术条件中规定的放电终止电压，搁置 1 h（或企业提供的不大于 1 h 的搁置时间），然后按企业提供的充电方法进行充电。

若企业未提供充电方法，则以 I_1 电流恒流充电至企业技术条件中规定的充电终止电压时转恒压充电，至充电终止电流降至 $0.05I_1$ 时停止充电，充电后搁置 1 h（或企业提供的不高于 1 h 的搁置时间）。

3. 室温放电容量

室温放电容量试验按照以下步骤进行：

（1）先给单体蓄电池充电。室温下，蓄电池以 I_1 电流放电，直到放电至企业技术条件中规定的放电终止电压。

（2）用放电试验仪（图 4–1）计量放电容量（以 A · h 计），计算放电比能量（以 W · h/kg 计）。

（3）重复测量 5 次，当连续 3 次试验结果的极差小于额定容量的 3%时，可提前结束试验，取最后 3 次试验结果平均值。

图 4–1　放电试验仪

4. 室温倍率放电性能

室温倍率放电性能试验按照以下步骤进行：

（1）单体蓄电池充电。

（2）室温下，单体蓄电池以 $2I_1$（能量型单体蓄电池）/$5I_1$（功率型单体蓄电池）电流放电，直到放电至企业技术条件中规定的放电终止电压。

（3）计量放电容量（以 A · h 计）。

（4）单体蓄电池充电。

（5）室温下，锂硫电池单体以 I_1 电流放电 30 min 后以企业规定的最大放电电流放电 10 s，然后再静置 30 min，再以企业规定的最大充电电流充电 10 s。

（6）采用 10 s 充放电的电能量除以 10 s 充放电时间的方法，计算 10 s 充放电的平均比功率（以 W/kg 计）。

5. 室温倍率充电性能

室温倍率充电性能试验按照以下步骤进行：

（1）室温下，单体蓄电池以 I_1 电流放电至企业技术条件中规定的放电终止电压，静置 1 h。

（2）室温下，单体蓄电池以 I_1 电流充电，直到充电至企业技术条件中规定的充电终止电压，静置 1 h。

（3）室温下，单体蓄电池以 I_1 电流放电至企业技术条件中规定的放电终止电压。

（4）计量放电容量（以 A · h 计）。

6. 低温放电容量

低温放电容量试验按照以下步骤进行：

（1）单体蓄电池充电。

（2）单体蓄电池在（0 ±2）℃环境中搁置 24 h。

（3）单体蓄电池在（0 ±2）℃，以 I_1 电流放电至企业技术条件中规定的放电终止电压（该电压值不低于室温放电终止电压的 80%）。

（4）计量放电容量（以 A · h 计）。

7. 高温放电容量

高温放电容量试验按照以下步骤进行：

（1）单体蓄电池充电。

（2）单体蓄电池在（70 ±2）℃环境中搁置 5 h。

（3）单体蓄电池在（70 ±2）℃，以 I_1 电流放电至企业技术条件中规定的放电终止电压。

（4）计量放电容量（以 A · h 计）。

8. 室温荷电保持与容量恢复能力

室温荷电保持与容量恢复能力试验按照以下步骤进行：

（1）单体蓄电池充电。

（2）单体蓄电池在室温下储存 28 d。

（3）室温下，单体蓄电池以 I_1 电流放电至企业技术条件中规定的放电终止电压。

（4）计量荷电保持容量（以 A · h 计）。
（5）单体蓄电池再充电。
（6）室温下，单体蓄电池以 I_1 电流放电至企业技术条件中规定的放电终止电压。
（7）计量恢复容量（以 A · h 计）。

<<< 9. 过放电

过放电试验按照以下步骤进行：
（1）单体蓄电池充电。
（2）单体蓄电池以 I_1 电流放电 90 min。
（3）观察 1 h。

<<< 10. 过充电

过充电试验按照以下步骤进行：
（1）单体蓄电池按本实训“2. 单体蓄电池充电”方法充电。
（2）以 I_1 电流恒流充电至电压达到企业技术条件中规定的充电终止电压的 1.5 倍或充电时间达 1 h 后停止充电。
（3）观察 1 h。

小知识

锂电池为什么不能过充

第一，过充会导致电池内部的反应速度加快，导致热量的产生。如果这些热量不能有效地散发出去，电池温度会迅速升高，可能会引发热失控现象，甚至导致电池破裂、燃烧或爆炸。

第二，过充会导致电池内部的活性物质结构被破坏，从而降低电池的性能和寿命。

第三，过充还会导致电池的容量逐渐减少，最终可能导致电池无法再使用。

第四，过充可能导致电池发生副反应，生成不希望的化学物质，进一步降低电池的性能和寿命。

第五，过充可能导致电池内部短路，从而引发热失控、燃烧或爆炸。

第六，过充会加速电池的老化过程，缩短电池的使用寿命。

任务拓展

调研并讨论防止锂电池过充过放的措施

查找资料，调研并回答以下问题：为防止锂电池出现过充过放的现象，应采取哪些措施？请将答案上传线上课程讨论区。

任务工单

任务 4-1 新能源汽车动力电池性能试验工单

学生姓名		班级		任务成绩	

新能源汽车动力电池常温充电试验

质量		外观尺寸	
额定容量		实际充电容量	

绘制充电曲线：

新能源汽车动力电池常温放电试验

质量		外观尺寸	
额定容量		实际放电容量	

绘制放电曲线：

任务 4-2 新能源汽车驱动电机系统输入输出特性试验

任务描述

新能源汽车的驱动电机系统是指与电动机相连的传动机构、控制系统、电源系统等组成的一个整体。输入输出特性试验是对新能源汽车驱动电机系统的性能进行试验的一种方法。

试验的主要目的是评估驱动电机的输入输出特性，即驱动电机的输入电流、电压与输出转矩、转速之间的关系。试验中需要对驱动电机给定不同的输入电流，并观察输出转矩和转速的变化情况。

进行输入输出特性试验需要专业的试验设备和软件，需要经过严格的校准和核对才能保证试验结果的准确性。在试验过程中，应该遵守相关的安全规定，以防止意外事故的发生。

新能源汽车用驱动电机系统的输入输出特性试验是评估驱动电机性能的重要手段，是新能源汽车研发、生产、质量控制的必要环节。

任务目标

1. 了解工作电压范围试验；
2. 掌握转矩-转速特性及效率试验；
3. 能绘制电机 MAP 图。

相关知识

电机功率的基本概念与计算

1. 电机功率的基本概念

电机的功率，通常指其输出功率，也就是电机在单位时间内所做的功。功率的单位一般为瓦（W）或千瓦（kW）。电机的功率大小直接决定了其能够带动的负载大小以及工作效率。

2. 电机功率的计算方法

理论计算：根据物理学中的功率公式 $P=W/t$，功率等于功除以做功时间。在电动机中，功可以通过力和位移的乘积来计算。但在实际应用中，常使用 $P=IV$（功率等于电流乘以电压）这个公式来计算电动机的输入功率。而电动机的输出功率则需要考虑其效率，即 $P_{out}=P_{in}\times\eta$（输出功率等于输入功率乘以效率）。在某些情况下，理论计算可能无法准确反映电动机的实际功率。这时，可以通过试验方法来测定。例如，使用功率计直接测量电动机的输入功率和输出功率；或者通过测量电动机带动负载时的转速和扭矩，再根据公式 $P=T\times n/9\ 550$（功率等于扭矩乘以转速再除以 9 550）计算出实际功率。

小知识

电机扭矩计算公式 $T=9\ 550P/n$ 是如何计算的呢？

分析：

（1）功率=力×速度，即 $P=FV$；

（2）转矩=扭力×作用半径，即 $T=FR$ 或 $F=T/R$；

（3）线速度（V）$=2\pi R\times$每秒转速（$n_{秒}$）$=2\pi R\times$每分转速（$n_{分}$）$/60=\pi Rn_{分}/30$。

将 3 项合并可得：

$$P=FV=(T/R)\times\pi R\times n_{分}/30=(\pi/30)Tn_{分}$$

此时，P 的单位为 W，T 的单位 N·m，$n_{分}$的单位为 r/min。如果将 P 的单位换成 kW，那么：

$$P\times 1\ 000=(\pi/30)Tn_{分}$$

将两边同除以π/30，则得：$(30\ 000/\pi)\times P=Tn_{分}$

π取值3.141 592 6，整理后得：$(30\ 000/3.141\ 592\ 6)\times P=Tn_{分}\rightarrow T\approx 9\ 550P/n_{分}$

<<< 3. 驱动电机效率的计算方法

驱动电机系统处于电动工作状态时，输入功率为驱动电机控制器直流母线输入的电功率，输出功率为驱动电机轴伸端的机械功率，驱动电机系统电动工作状态下的效率按照式（4-1）求取：

$$\eta=\frac{Tn}{9.55UI}\times 100\% \qquad (4-1)$$

式中：η——驱动电机系统的效率；

T——驱动电机轴伸端转矩，N·m；

n——驱动电机转速，r/min；

U——驱动电机控制器直流母线电压平均值，V；

I——驱动电机控制器直流母线电流平均值，A。

任务实施

本任务所需的驱动电机系统试验系统如图 4-2 所示。

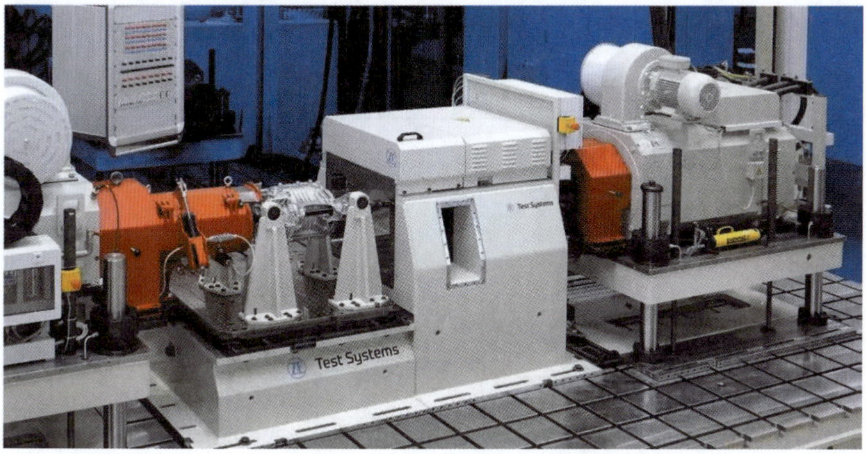

图 4-2　驱动电机系统试验系统

实训 17　30 min 持续功率试验

（1）试验时，将驱动电机系统的直流母线电压设定为额定工作电压，驱动电机系统处于电动状态，冷却系统工作 5 min 后开始试验。

（2）控制驱动电机系统工作于额定转速（驱动电机系统能够输出持续转矩对应的最高转速）和 30 min 持续转矩（在规定的条件下，驱动电机系统能够 30 min 持续工作的最大机械转矩）。根据得到的 30 min 持续转矩和额定转速进行计算，对于具有单个机械连接轴的驱动电机系统，按照式（4–2）计算其轴伸端 30 min 持续功率。

$$P_{\mathrm{m}}=\frac{Tn}{9\,550} \tag{4–2}$$

式中：P_{m}——驱动电机系统 30 min 持续功率，kW；

T——驱动电机轴伸端 30 min 持续转矩，N · m；

n——驱动电机额定转速，r/min。

对于具有两个机械连接半轴的驱动电机系统，根据式（4–3）计算其轴伸端 30 min 持续功率。

$$P_{\mathrm{m}}=\frac{T_1 n_1+T_2 n_2}{9\,550} \tag{4–3}$$

式中：T_1，T_2——驱动电机半轴两端 30 min 持续转矩，N · m；

n_1，n_2——对应的驱动电机半轴两端额定转速，r/min。

（3）使用同样的方法可以测量不同转速下的转矩，得到如图 4–2 所示的转矩–转速曲线。

（4）利用式（4–2）或式（4–3）计算出不同转速下的功率，绘制转矩–功率曲线，如图 4–3 所示。

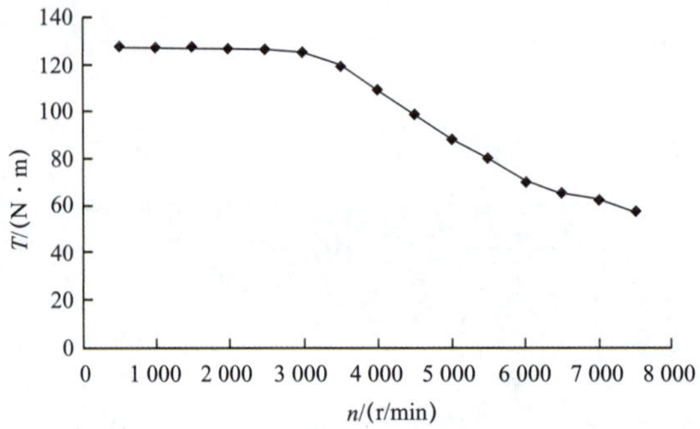

图 4-3　转矩-转速曲线

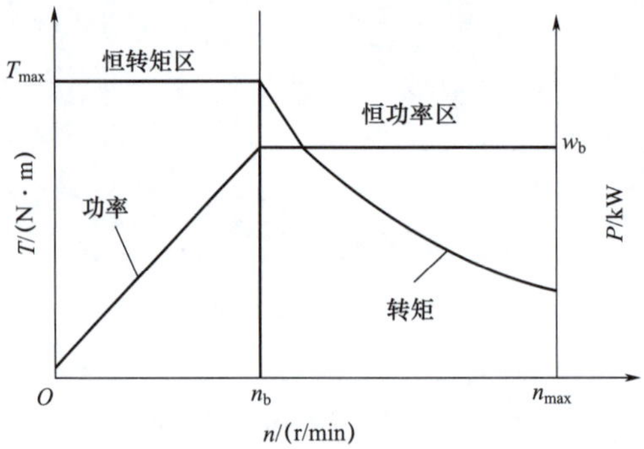

图 4-4　转矩-功率曲线

实训 18　驱动电机系统效率试验

<<< 1. 转速试验点的选取

试验时，在驱动电机系统工作转速范围内选取不少于 10 个转速点，最低转速点宜不大于最高工作转速的 10%，相邻转速点之间的间隔不大于最高工作转速的 10%。试验点选择时应包含必要的特征点，如：

——额定工作转速点；

——最高工作转速点；

——持续功率对应的最低工作转速点；

——产品技术文件规定的最高效率点对应的转速点；

——其他特殊定义的工作点等。

<<< 2. 转矩试验点的选取

试验时，在每个转速点上选取不少于 10 个转矩点，对于 80%最高工作转速及以上的转速点，在每个转速点上选取的转矩点数可以适当减少，但不宜低于 5 个。试验点选择时应包含必要的特征点，如：

——持续转矩数值处的点；

——峰值转矩（或最大转矩）数值处的点；

——持续功率数值曲线上的点；

——峰值功率（或最大功率）数值曲线上的点；

——产品技术文件规定的最高效率点对应的转矩点；

——其他特殊定义的工作点等。

<<< 3. 效率试验

试验准备：将驱动电机系统的直流母线电压设定在额定工作电压处，辅助设备可外接电源供电，驱动电机系统处于电动状态或馈电状态。

试验步骤：

（1）控制驱动电机工作于试验转速，调节驱动电机工作转矩点按照要求从最小测量点到最大测量点变化，每个测量点运行稳定后持续时间不少于 1 s。

提示：试验过程中，为防止被试驱动电机系统过热而影响测量的准确性，宜在每次测量间隔适当增加空载运行时间，必要时可分段测量。

（2）记录不少于 5 个测量点并取其平均值，计算每个转矩测量点下各个转矩测量结果的平均值作为该测量点转矩测量结果。

（3）空载运行 5 min 后，按照要求，控制驱动电机工作于下一个试验转速，重复上述试验。

试验后处理：按照以下方法计算各个试验点的效率，并绘制效率分布图，如图 4-5 所示。

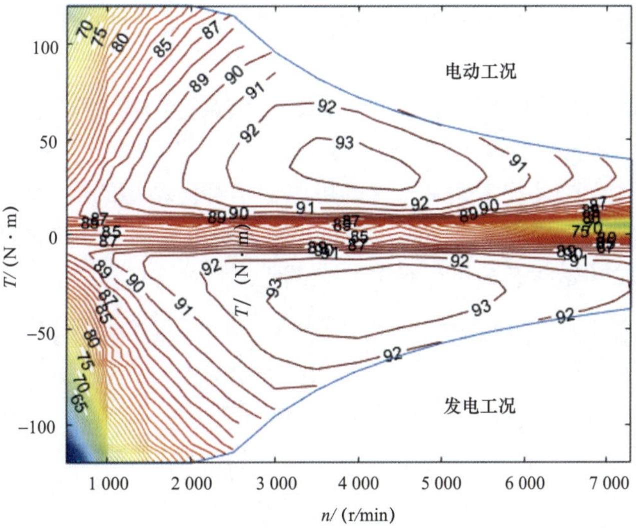

图 4-5　效率分布图

（1）驱动电机系统处于电动工作状态时，输入功率为驱动电机控制器直流母线输入的电功率，输出功率为驱动电机轴伸端的机械功率，驱动电机系统电动工作状态下的效率 η 按照式（4-1）求取。

（2）驱动电机系统处于馈电工作状态时，输入功率为驱动电机轴伸端的机械功率，输出功率为驱动电机控制器直流母线输出的电功率，驱动电机系统馈电工作状态下的效率按照式（4-4）求取：

$$\eta=\frac{9.55UI}{Tn}\times 100\% \qquad (4-4)$$

式中：η——驱动电机系统的效率；

T——驱动电机轴伸端转矩，N·m；

n——驱动电机转速，r/min；

U——驱动电机控制器直流母线电压平均值，V；

I——驱动电机控制器直流母线电流平均值，A。

（3）对于具有两个机械连接半轴的驱动电机系统，机械功率应根据式（4-3）分别计算半轴两端功率并取和。

对于需要考虑线缆损失、联轴装置和试验过程中的风磨损耗的情况，可以对试验结果进行修正，并在报告中注明。

任务拓展

峰值转矩试验

峰值转矩主要影响整车前半段的加速性能，在 0～50 km/h 的加速过程中起到重要作用。峰值转矩越大，加速越迅猛。刚开始加速时，车速较低，电机的功率不会太高，主要靠峰值转矩输出最大的加速力以克服加速阻力。因此峰值转矩试验数据用来为整车低速加速能力提供参考。

试验时，将驱动电机系统的直流母线电压设定为额定工作电压，驱动电机系统处于电动状态，冷却系统工作 5 min 后开始试验。

控制测功机工作于产品技术文件规定的可以输出峰值转矩的最高转速，驱动电机系统工作于该转速下的最大转矩，持续时间满足 10 s。如果需要多次开展峰值转矩的测量，宜先将驱动电机恢复到试验初始状态，再进行第二次试验测量。

任务工单

任务 4–2 新能源汽车驱动电机系统输入输出特性试验工单

学生姓名		班级		任务成绩	
30 min 持续功率试验	电机型号：　　外观尺寸： 质量：　　工作电压： 绘制转矩、功率曲线：				
驱动电机系统效率试验	绘制效率分布图：				

理论测验

1. 动力电池的循环寿命是指在特定条件下能够完成充放电循环的次数。下列哪项不是影响动力电池循环寿命的主要因素？

A. 充电速率　　B. 放电深度

C. 工作温度　　D. 电池的颜色

2. 在进行动力电池的安全性测试时，以下哪种试验用于评估电池在极端条件下的安全性？

A. 针刺试验　　B. 耐久性测试

C. 热失控测试　　D. A 和 C 都是正确的

3. 下列哪个参数通常用来衡量新能源汽车动力电池的能量密度？

A. W・h/kg　　B. A・h

C. V　　D. Ω

4. 当提到动力电池的最大放电电流时，这直接关系到新能源汽车的：

A. 最大行驶速度　　B. 续航里程

C. 加速能力　　D. 以上皆非

5. 在低温环境下，锂离子电池的性能会下降。为了改善这种情况，可以采取哪些措施？（选择最合适的答案）

A. 减少充电电压　　B. 增加电解液浓度

C. 使用预热系统　　D. 提高环境湿度

6. 在进行驱动电机效率测试时，下列哪一项不是直接影响电机效率的因素？

A. 转速　　B. 输出扭矩

C. 电源电压　　D. 电机颜色

7. 在评估新能源汽车驱动电机最大输出功率时，通常是在哪种工况下测量？

A. 低转速高扭矩　　B. 高转速低扭矩

C. 最大转速与最大扭矩的组合点　　D. 恒定速度下的平均扭矩

8. 下列哪个参数最直接地反映了驱动电机在不同负载条件下的能量转换能力？

A. 功率因数　　B. 效率曲线

C. 温升　　D. 绝缘电阻

9. 对于永磁同步电机而言，在进行输入输出特性试验时，如果发现随着转速增加，输出功率反而下降，可能的原因是：

A. 电机过热　　B. 变频器设置不当

C. 磁场减弱　　D. 控制算法失效

10. 在进行新能源汽车驱动电机系统测试过程中，为了准确模拟真实行驶条件，以下哪种方法是最为推荐使用的？

A. 在固定的试验室条件下测试　　B. 使用动力计台架模拟各种路况

C. 直接在公共道路上测试　　D. 仅依靠软件仿真模型

项目 5 新能源汽车性能主观评价

在国家对新能源汽车的政策激励下，新能源汽车产品和技术得到了快速发展，新能源汽车也已经逐步走进寻常百姓家。在众多车型中如何挑选适合自己的产品？这当然离不开评测体系。客观的评测数据，可以让消费者更直观地了解车辆的续航、电耗、充电、安全等问题，但主观评价的加入，能补充客观评价无法评价的主观体验，为消费者提供更完善的性能参考。本项目就来学习如何对新能源汽车的性能进行主观评价。

学习目标

知识目标

1. 掌握新能源汽车静态性能主观评价方法；
2. 掌握新能源汽车动态性能主观评价方法。

技能目标

1. 能协助客户进行新能源汽车静态性能主观评价；
2. 能协助客户进行新能源汽车动态性能主观评价。

工作任务

任务 5-1　新能源汽车静态性能评价；
任务 5-2　新能源汽车动态性能评价。

任务 5-1　新能源汽车静态性能评价

任务描述

新能源汽车因为取消了发动机，增加了高压电池，所以在整车设计和布置上会和传统汽车有所不同，一般至少会在外观上体现新能源汽车的特点，当然也有很多品牌会增加智能驾驶设备，所以本任务就是评价外观内饰品质、座椅舒适性、空间、操作便利性、视野等静态性能指标，以便给消费者参考。

任务目标

1. 了解汽车内饰材料的种类；
2. 掌握新能源汽车静态性能评价方法。

相关知识

5-1-1　对新能源汽车主观评价师的要求

新能源汽车主观评价师（以下简称主观评价师）的最终打分会为消费者提供购车参考。所以，主观评价师需要严格地筛选，除了要具备一定的工程背景、客观公正外，还需要具备高感知能力、高表达能力和一定的驾驶技能。也就是说，新能源汽车主观评价师必须能够高质量完成整车静态主观评价、动态主观评价的全部项目，对问题描述准确，并能够提供改善建议。

一般的主观评价师为国内汽车企业主观评价方面的负责人，他们熟知主观评价的评价标准、评价方法及评价流程，在企业内部负责主观评价标准和规范的编制、主观评价工作的策划、实施，评价报告的审核等工作。即便这样，也需要在完成 EV-TEST 主观评价师的考核后，才能被聘用。只有这样，才能保证最终的评价结果具备参考意义。

5-1-2　评价项目分数计算方法

主观评价师需要对评测的车辆进行全面的体验。评价车辆或者同一批次的车辆时，均采用同一标准，按照 0～10 分的标准（表 5-1）为评测项目打分，去掉一个最高分和一个最低分，取平均值作为该子项目的得分。再将各子项目的得分取算术平均值，即为该项目的最终得分。

表 5-1　主观评测依据表

评分	1	2	3	4	5	6	7	8	9	10
评价	极差	差	较差	稍差	勉强	接受	较好	好	很好	完美
类别	不可接受				可接受					
评价者反应	所有顾客报怨			普通顾客抱怨		挑剔顾客抱怨		受过培训的评价师抱怨		没有抱怨
缺陷	功能丧失	严重缺陷	有缺陷	需要改进	较多	少	很少	极少	几乎感觉不到	感觉不到

进行主观评价时，每位主观评价师对主观评价项目下的各子项进行评分，然后对子项分数进行算术平均，得到该评价师 q 对项目 y_j 的平均分 $y_{j,\,q}$。

主观评价项目 y_j 的得分计算公式如式（5–1）所示，计算结果保留小数点后一位。

$$y=\frac{\sum_{q=1}^{N}y_{j,q}-\max(y_{j,q})-\min(y_{j,q})}{N-2} \tag{5-1}$$

式中：$y_{j,q}$——第 q 个主观评价师对项目 y_j 的打分；

max（$y_{j,q}$）——N 名主观评价师对项目 y_j 的最高打分；

min（$y_{j,q}$）——N 名主观评价师对项目 y_j 的最低打分。

5–1–3　汽车内饰材料简介

汽车内饰材料按乘用车内饰件的结构层次与功能，可分为面饰材料、缓冲材料和内饰件骨架（或基础）材料等 3 类。

（1）面饰材料：主要有纤维材料、皮革、木材及再生纤维毛毡等，主要用于生产地毯、顶篷等各种面料。

（2）缓冲材料：主要有 PU 和 PP 泡沫材料，如座椅等。

提示：面饰材料和缓冲材料在汽车内饰中起减震、隔热、装饰、吸声和遮声等功能。

（3）内饰件骨架材料主要有金属材料和其他新型复合材料，主要用于保证驾驶舱的安全性和功能性。

1. 面饰材料

目前常用的面饰材料类型及主要用途如表 5–2 所示。下面主要从座椅、仪表板、地毯、顶篷及行李箱面饰等几方面介绍面饰料的应用现状。

表 5-2　常用面饰材料类型及主要用途

材料类型	主要用途
机织面料	座椅、车门和窗帘
经编面料	车门、车顶、中柱和窗帘
割绒面料	座椅、车门
纬编提花面料	座椅、车门
非织造面料	地毯、车顶、中柱，以及行李箱前挡板的上部、中部及左右两侧
再生纤维毛毡	仪表板的左右两侧及右下护板、变速杆顶部、顶棚、后围和行李箱
汽车用皮革	座椅、车门和转向盘
汽车用木材	仪表板、副仪表板、变速杆头、门扶手和转向盘

1）座椅面料

目前，座椅面料仍以织物、PVC 居多，天然真皮革只有欧美等国在部分高端车型中采用。除此以外，各种新型织物以价格优、质量好等特色也逐步替代了一些传统织物和皮革。在西欧，座椅面料采用软纤维的过半，美国则多采用拉舍尔和天鹅绒，而日本则更为多样化，针织物、针织布、天鹅绒等都有应用。面料的织法多是长毛针织或特殊花样。各种调和花纹及隐蔽花纹也在逐步兴起。图 5-1 显示从选材、机能、加工、评价等几方面对座椅面料的要求。

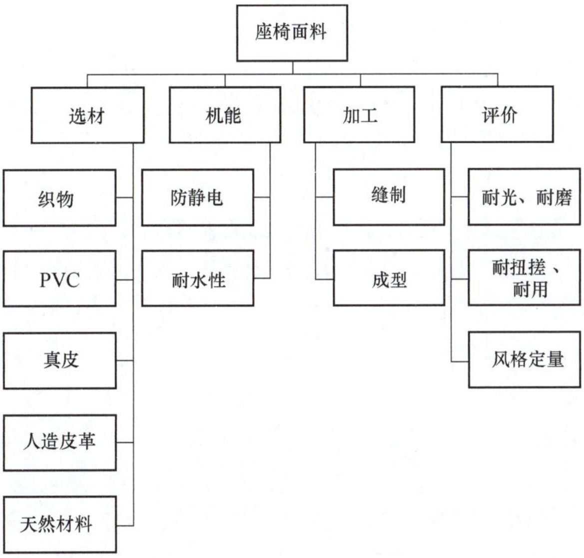

图 5-1　座椅面料要求

2）仪表板表皮

仪表板是内饰件中较大的总成件，除了要求其外观具有柔顺性以外，对防止光反射、耐冲击、耐挤压、耐热、耐光等性能也有具体规定。表 5-3 显示了仪表板表皮材料的特点。

表 5-3　仪表板表皮材料的特点

项目		搪塑型		涂装型	真空成型		
		粉末成型	溶胶成型	型模包涂	半硬 PVC	硬质 PVC	
压花	压革纹	⊙	⊙	⊙	△	△	△
纹理	压针迹纹	⊙	□	□	△	△	△
表皮厚度均匀性		□	□～△	□	△	△	△
材料构成		PVC 粉	PVC 膏状	PUR 涂料	PVC/ABS/NBR	PVC/PVC 发泡体	PVC/PP 发泡体
材料厚度/mm		1.0～1.2	1.5～2.0	50～80	0.8～1.0	2.5～3.0	2.5～3.0
成本		□～△	△	△	□	□	□
材料性能	抗拉强度/（9.8×10^4 N/m^2）	100～150	100～150	10～20	150～200	50～70	100～150
	伸长率/%	200～300	300～400	50～150	100～200	200～300	200～300
	耐光及耐热性	□	□	□	□	□	□
雾度		△					

注：⊙—最好，□—好，△—一般。

近年来，仪表板的设计趋向于与其他部件一体化，因此 PVC 空心模压法越来越受到重视，往往采用注射成型。与此同时，粉状物搪塑成型的均一薄壁化工艺，也可进一步使表皮软化。有资料显示，日本和德国的特殊转模压技术可使带皮革花纹的 PVC 片材直接成型。

3）地毯

汽车地毯多以 PVC 发泡体、橡胶基片材、尼龙割绒，以及聚丙烯、聚酯纤维经针刺或簇绒编织制成。由于计算机的应用，织物的各种图案和颜色都相继出现。对织物基料喷射染料以提高其耐久性的新技术也正在应用。地毯与仪表板材质一样，要求挺括和防潮，绝对不允许有松弛、褶皱产生，所以基材大都采用聚乙烯。

现今不断出现新的材料加工法，其中对地毯的整体化技术也进行了大量研究，如为保证地毯外观、成型性和定型性，汽车地板最好趋于平面化。

4）顶篷及行李箱

顶篷在汽车中相当于房屋的天花板，它对车厢内的装饰效果和保温、隔声效果有较大影响。随着中国汽车工业的发展，粘贴顶篷与软顶已逐渐被成型硬顶所取代。目前常用的硬顶基材主要是热塑性材料和热固性材料，但由于热固性 PF 材料成本高、能耗大，故仅适用于中高档车，目前普通车顶篷主要还是以热塑性基材为主。

顶篷面料需综合考虑成型自由度、柔软度、价格等因素。聚酯纤维无纺布在几年前就逐渐替代了传统的 PVC 或 TPE 片材。顶篷基材贴合无纺布后热压成型，有时还在压前对无纺布印刷带色图案，使之更加风格化、高档化。国内顶篷面料大多仍继续沿用 PVC 与 PU 泡沫复合片材，织物型复合材料仅应用在个别高档车型上。

目前，后行李箱架多数采用无纺布与热塑性树脂复合压制成型工艺，预计今后顶篷也可能借鉴这种成型方法加以应用。

<<< 2. 缓冲材料

缓冲材料主要有 PU 和 PP 泡沫材料等，在乘用汽车内饰中具有减震、隔热、装饰、吸声和遮声等功能，对乘用车的乘坐舒适性起着十分重要的作用。

1）PU 泡沫塑料

PU 泡沫塑料在汽车软饰塑料制品中占有重要地位。在 1971 年，日本 55%的 PU 软质或半硬质泡沫塑料被用于汽车工业。随着自结皮发泡技术、RIM 和 RRIM 成型技术的出现，PU 泡沫在汽车中的应用日趋扩大。目前，依据使用原料、添加剂种类不同，可获得性能各不相同的聚氨酯，主要包括软质 PU 泡沫塑料、半硬质 PU 泡沫塑料及硬质 PU 泡沫塑料。表 5-4 所列为 PU 泡沫塑料在汽车中的应用。

表 5-4　PU 泡沫塑料在汽车中的应用

PU 类型	汽车零部件
软质泡沫塑料切块	遮阳板、顶棚衬里、门内板、装饰条、隔声板
软质模压泡沫塑料	座垫、靠背
半硬质泡沫塑料	仪表板填充剂、喇叭垫、扶手、头枕、遮阳板、保险杠
硬质泡沫塑料	顶篷衬里、门板内衬
整体结皮泡沫塑料	扶手、门柱、控制箱、转向盘
弹性 RIM 制品	保险杠、挡泥板、发动机罩、门把手、行李箱盖
刚性 RIM 制品	散热器格栅、扰流板、挡泥板、门板、发动机罩、行李箱盖、地板
热塑性弹性体	减震垫块、弹簧线圈护套、齿轮传动装置罩、格栅、顶篷等

2）PP 泡沫塑料

PP 材料在汽车中应用较广，约占塑料总量的 30%。特别是 PP 泡沫塑料也在隔声装饰等领域有着突出贡献，本文不在此赘述。

<<< 3. 骨架材料

目前汽车内饰选用的骨架材料主要是各种成型塑料件。由于塑料内饰件具有以下优点：触感好、舒适性强；无异味、阻燃性好；表面不反光、耐光色牢度好；耐温度变化、不易变形等，所以它带动着整个汽车塑料产业快速向前发展。

表 5-5 举例了不同塑料在汽车内饰上的应用及性能比较。

表 5-5　塑料在汽车内饰上的应用实例

应用领域	选用材料	性能对比
仪表板	ABS、ABS\PC 合金、PP、PPO 和 SAMAH	可实现结构简单，满足复杂形状和曲面要求，费用低、重量轻、车辆 NVH 指数小
转向盘	玻纤增强尼龙 66	在座椅靠背和倾斜杠杆装置方面，可节省 1/3 的费用
车门装饰件	ABS	具有高抗冲强度，侧碰时能保护乘客安全
车顶 A 柱和 C 柱	PUR 泡沫塑料	变形可扩散均匀，有利于碰撞时能量吸收

任务实施

实训 19　座椅性能主观评价

1. 评价条件

1）车辆条件

（1）轮胎气压按照车辆制造厂的规定进行调整。

（2）动力电池的 SOC 值在 20%以上。

（3）评价前，应按照车辆制造厂的技术要求对车辆进行检查及做必要的调整。

2）评价场地条件

场地条件不做硬性要求，一般路面和车间内即可。

2. 评价方法

（1）座椅舒适性（前排/后排）：感受车辆座椅的大小尺寸、硬度支撑（座椅对人体腿部、背部、肩部的支撑情况）、包裹性，根据对座椅舒适性的主观感受进行评分（1～10 分）。

（2）座椅配置（前排/后排）：感受车辆座椅的配置是否丰富、方便（是否电动调节、座椅记忆、后排座椅调节等）、后排座椅能否放倒及操作难度，座椅加热、通风，座椅按摩、腰部支撑调节、前后扶手等功能，根据对座椅配置的主观感受（图 5-2）进行评分（1～10 分）。

（3）座椅头枕舒适性（前排/后排）：感受车辆头枕的支撑及舒适性，根据对头枕支撑舒适性的主观感受进行评分（1～10 分）。

（4）安全带舒适性（前排/后排）：感受座椅安全带的可到达性及舒适性，以及安全带高度的可调节性，根据对安全带的可操作性及舒适性的主观感受进行评分（1～10 分）。

（5）座椅动态性能（前排/后排）：感受座椅在车辆动态行驶中的舒适性，是否易疲劳或不舒适；同时在车辆动态行驶中感受座椅的包裹性，根据对车辆动态行驶中座椅动态性能的主观感受进行评分（1～10 分）。

图 5-2　座椅性能主观评价

实训 20　空间主观评价

1. 评价条件

1）车辆条件

（1）轮胎气压按照车辆制造厂的规定进行调整；

（2）动力电池的 SOC 值在 20%以上；

（3）评价前，应按照车辆制造厂的技术要求对车辆进行检查及做必要的调整。

2）评价场地条件

场地条件不做硬性要求，车间内即可。

2. 评价方法

（1）前排空间：感受前排乘员头部、肩部、臀部、膝盖、脚部、肘部等空间是否充足、有无压抑感，A 柱造型、膝盖空间、歇脚区是否舒适，转向盘与大腿之间距离是否合适，根据对前排空间的主观感受进行评分（1～10）。

（2）后排空间（含第三排）：感受车辆后排乘员头部、肩部、臀部、膝盖、脚部空间是否充足、有无压抑感，后排宽度及中间位置乘坐空间（后排地板中部有无凸起）是否充足，根据对后排空间的主观感受进行评分（1～10 分）。

空间主观评价如图 5-3 所示。

（3）上下车便利性：评价上下车时头部通过性，膝盖、大腿部通过性，着座、上下车危害感等，根据对上下车是否舒适的主观感受进行评分（1～10 分）。

（4）车内储物空间：感受车内储物空间数量、位置、尺寸等是否满足需求，根据对车内储物空间丰富程度及空间大小的主观感受进行评分（1～10 分）；

（5）行李厢空间及装载性：感受车辆行李厢有效容积（含上部有效容积）、离地高度、装卸大件物品的难易程度、后排座椅放倒组合性（可否按比例放倒，SUV 车型关注后排放倒后与行李厢的平整性），根据对车辆行李厢空间大小及装载难易程度的主观感受进行评分（1～10 分）。

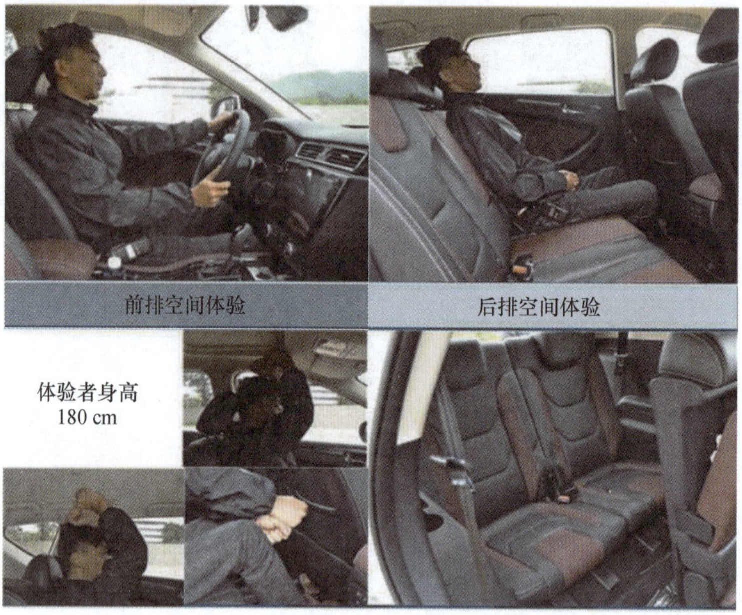

图 5-3　空间主观评价

实训 21　便利性主观评价

1. 评价条件

1）车辆条件

（1）轮胎气压按照车辆制造厂的规定进行调整；

（2）动力电池的 SOC 值在 20%以上；

（3）评价前，应按照车辆制造厂的技术要求对车辆进行检查及做必要的调整。

2）评价场地条件

场地条件不做硬性要求，车间内即可。

2. 评价方法

（1）充电便利性：感受车辆快慢充电接口开关位置设置合理性及操作便利性，根据对位置合理性及操作便利程度的主观感受进行评分（1～10 分）。

（2）关键信息可视性（READY/OK、剩余电量显示、车速、里程等）：感受关键信息（READY/OK、剩余电量显示、车速、里程等）显示位置是否明显及眩目反光程度，根据对信息查看便利性的主观感受进行评分（1～10 分）。

（3）中控及仪表背光：感受车辆中控及仪表在白天的反光程度，按键背光显示及指示灯是否刺眼、眩目、清晰（在夜间操作），根据对车辆中控面板区域及仪表反光、背光显示的主观感受进行评分（1～10 分）。

（4）开关、按键操作便利性：感受制动能量回收强度调节开关、起动开关、灯光开关、雨刷开关、危急报警开关、空调控制开关、电动窗开关、音频开关及其他开关的操作是否便利，根据对操作便利性的主观感受进行评分（1～10 分）。

（5）中控面板/中控显示器操作便利性：感受车辆中控面板/中控显示器的位置及操作合理性，根据对各项功能是否易于操作、便于查看信息（白天行驶工况有无反光）的主观感受进行评分（1～10 分）。

（6）多媒体（娱乐系统）便利性：根据对车辆多媒体（娱乐系统）功能配置、易用性、操作是否便利（具备语音系统的多媒体系统感受反应速度）、功能是否齐全及界面友好性的主观感受进行评分（1～10 分）。

（7）四门两盖操作便利性：感受车辆四门两盖开启方式是否便于操作，开闭力大小是否适中，根据对四门两盖操作便利程度的主观感受进行评分（1～10 分）。

（8）转向盘操作性：感受车辆转向盘位置（上下、前后）是否适合、转向盘握感及是否可多向调节，转向盘是否易于驾驶员操作，根据对转向盘可操作性的主观感受进行评分（1～10 分）。

（9）维修便利性：感受车辆是否便于维修、蓄电池位置是否合理、备胎是否便于操作、是否便于添加各种油液，根据对便利性的主观感受进行评分（1～10 分）。

便利性主观评价如图 5-4 所示。

图 5-4　便利性主观评价

实训 22　视野主观评价

1. 评价条件

1）车辆条件

（1）轮胎气压按照车辆制造厂的规定进行调整；

（2）动力电池的 SOC 值在 20%以上；

（3）评价前，应按照车辆制造厂的技术要求对车辆进行检查及做必要的调整。

2）评价场地条件

清洁、平坦、干燥、空旷的水平硬路面。

2. 评价方法

（1）前方视野：正常驾驶坐姿下，穿过前风窗，感受前向视野开阔程度及有无压抑感，感受驾驶员前向上下视野及 A 柱障碍角的大小，根据对前方视野开阔程度的主观感受进行评分（1～10 分）。

（2）内后视镜视野：感受内后视镜后方视野，内后视镜位置和可调节性，高位制动灯、头枕、后雨刷器等视野盲区，根据对内后视镜视野开阔程度的主观感受进行评分（1～10 分）。

（3）外后视镜视野：感受外后视镜大小和外后视镜的视野盲区，外后视镜可调节性、加热效果等，根据对外后视镜视野开阔程度的主观感受进行评分（1～10 分）。

（4）辅助视野：感受辅助视野图像是否清晰、倒车轨迹显示准确度及视野开阔程度，根据对辅助视野清晰程度及视野开阔程度的主观感受进行评分（1～10 分）。

（5）雨刷视野：感受车辆雨刷擦拭区域面积大小（含后雨刷），A 柱未擦拭部面积区域、雨刷刮板的突出部分等，根据对雨刷视野开阔程度的主观感受进行评分（1～10 分）。

（6）乘员视野：根据对车内乘员视野开阔程度的主观感受进行评分（1～10 分）。

（7）侧方视野：感受右侧 A、B、C 柱对驾驶员视野的遮挡情况及行驶安全性，根据对侧方视野开阔程度的主观感受进行评分（1～10 分）。

（8）夜间灯光视野：感受车辆灯光（主要指近光、远光）在夜间的照明亮度情况，根据对夜间行车灯光照明情况的主观感受进行评分（1～10 分）。

视野主观评价如图 5-5 所示。

图 5-5　视野主观评价

实训 23　外观内饰品质主观评价

<<< 1. 评价条件

1）车辆条件

（1）轮胎气压按照车辆制造厂的规定进行调整；

（2）动力电池的 SOC 值在 20%以上；

（3）评价前，应按照车辆制造厂的技术要求对车辆进行检查及做必要的调整。

2）场地条件

场地条件不做硬性要求，车间内即可。

<<< 2. 评价方法

（1）车身及外饰匹配、间隙：综合感受车门、机舱盖、后背门/后备厢门、翼子板、侧围等之间的间隙是否均匀及面差大小，根据对车身及外饰匹配质量的主观感受进行评分（1～10 分）。

（2）车身及外饰品质：从视觉及触觉上感受车身漆面质量、装饰条外观效果和品质感，根据对车身及外饰质感的主观感受进行评分（1～10 分）。

（3）内饰匹配、间隙：感受车内仪表板、门内饰板、座椅、转向盘等与周边零件配合的尺寸、间隙等是否均匀，各零部件之间的间隙和面差、段差是否适中，根据对内饰匹配质量的主观感受进行评分（1～10 分）。

（4）内饰品质：感受车内仪表板、门内饰板、座椅、转向盘、换档机构、驻车制动机构的材质质量，根据对内饰品质的主观感受进行评分（1～10 分）。

（5）开关、按键操作品质：感受车内各开关、按键的操作力、阻尼感是否适中，根据对开关、按键操作品质和操作阻尼感的主观感受进行评分（1～10 分）。

（6）车门和尾箱盖操作品质：感受车门及尾箱盖开闭操作力及质感（声音品质），根据对开闭操作力及质感（声音品质）的主观感受进行评分（1～10 分）。

任务拓展

汽车静态评价方法比较

现在网络上有很多汽车静态评价的视频，请选一个评价视频，与本任务的评价标准比较，指出视频中的评价方法存在哪些优缺点，并将答案上传线上课程讨论区。

任务工单

任务 5-1 新能源汽车静态性能评价工单

姓名		班级		任务成绩	
序号	项目	序号	子项		评分（1~10 分）
1	座椅性能	1	座椅舒适性（前排/后排）		
		2	座椅配置（前排/后排）		
		3	座椅头枕舒适性（前排/后排）		
		4	安全带舒适性（前排/后排）		
		5	座椅动态性能（前排/后排）		
2	空间	6	前排空间		
		7	后排空间（含第三排）		
		8	上下车便利性		
		9	车内储物空间		
		10	行李厢空间及装载性		
3	便利性	11	充电便利性		
		12	关键信息可视性（READY/OK、剩余电量显示、车速、里程等）		
		13	中控及仪表背光		
		14	开关、按键操作便利性		
		15	中控面板/中控显示器操作便利性		
		16	多媒体（娱乐系统）便利性		
		17	四门两盖操作便利性		
		18	转向盘操作性		
		19	维修便利性		

续表

姓名		班级		任务成绩	
序号	项目	序号	子项		评分（1～10 分）
4	视野	20	前方视野		
		21	内后视镜视野		
		22	外后视镜视野		
		23	辅助视野		
		24	雨刮视野		
		25	乘员视野		
		26	侧方视野		
		27	夜间灯光视野		
5	外观内饰品质	28	车身及外饰匹配、间隙		
		29	车身及外饰品质		
		30	内饰匹配、间隙		
		31	内饰品质		
		32	开关、按键操作品质		
		33	车门和尾箱盖操作品质		

任务 5-2 新能源汽车动态性能评价

任务描述

新能源汽车动态性能评价项目包括动力性、操控性、驾驶平顺性、舒适性等需要汽车跑起来才能评价的项目。车是用来驾驶的，所以动态评价能很直观地反映出车辆的驾驶性能。

任务目标

1. 了解底盘力的传递情况；
2. 掌握新能源汽车动态性能评价方法。

相关知识

汽车底盘与底盘作用力的传递

新能源汽车动态性能评价主要是对底盘的评价，底盘不仅对驾驶员感知自身车辆的行驶特性有重要影响，而且经过精心设计和准确调校的底盘还能确保良好的行驶舒适性和很高的行驶安全性。新能源汽车由于配置高压电池的缘故，一般都比燃油车重，这就导致其底盘的设计跟燃油车不一样。为此我们先了解底盘力的传递。

底盘是车辆与道路之间的连接纽带，这种纽带联系首先体现在传递作用力上。轮胎与路面之间的接触面非常重要，因为它是车辆与道路之间唯一的连接部位，只能通过该接触面传递作用力，并控制车辆移动。

驱动力和制动力沿车辆纵向方向（或者更准确地说是沿轮胎纵向方向）产生作用。通过这些作用力可使车辆加速或减速。

侧向力垂直于轮胎产生作用。每次转弯行驶时都会产生一个向外的离心力，而且车速越快且转弯半径越小，离心力越大。轮胎的侧向力反作用于离心力，从而使车辆保持在所需的行驶路线上。侧向力的作用是实现车辆转弯。各车轮上可传递的侧向力的大小还决定了极限情况下的车辆状态。

沿垂直方向施加于轮胎的作用力包括各车轮所承受的相应比例的重力，以及因路面不平等因素产生的作用力。

图 5-6 展示了轮胎上的作用力，其中的卡姆圆也称为抓地力圆或摩擦力圆，是轮胎黏着力的一种简单表现形式。它是以轮胎为中心，以轮胎的最大黏着力为半径画出的一个圆，代表轮胎在特定条件下的黏着力极限。

在卡姆圆中，横坐标代表转向力，即离心力或侧向力；纵坐标代表摩擦力，即加速力或减速力。转向力与摩擦力的合力为黏着力，即轮胎可传递的作用力。当合力小于黏着力极限，即合力位于卡姆圆内时，车辆行驶是安全的；当合力超出卡姆圆时，车辆就可能失控。

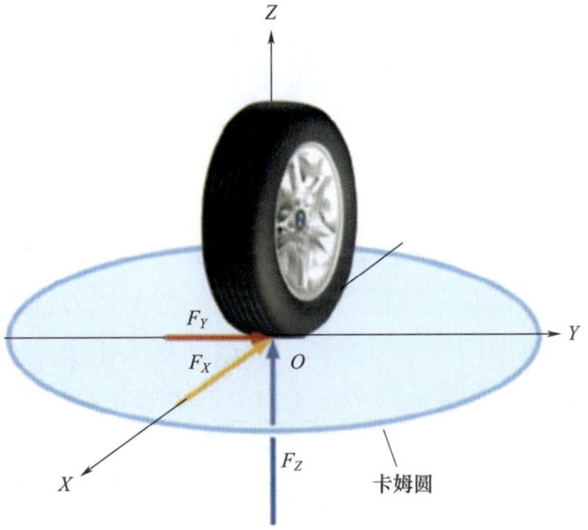

索引	说　明
X	纵向方向
Y	横向方向
Z	垂直方向
F_X	摩擦力（驱动或制动）
F_Y	转向力（侧向力或离心力）
F_Z	垂向作用力（支撑力/重力）

图 5-6　轮胎上的作用力

了解相关物理学规律性的基础知识有助于理解轮胎与路面之间的作用力传递，因此下面将简要介绍“摩擦”这种物理现象及其在底盘作用力传递方面的作用。

<<< 1. 静摩擦

每个物体都会在地心引力作用下受到向下的重力。如果物体放在一个平面上，例如石板放在桌面上时，就会产生一个与石板重力大小相等、方向相反的作用力，从下方支撑住石板并使其保持静止。

从微观角度来看，一个物体放在另一个物体上面，实质上是两个接触平面相互啮合在一起。如果从侧面向石板施加拉力，啮合面就会产生反作用力，这种情况称为摩擦，产生的反作用力即为摩擦力。当物体在摩擦力作用下保持静止并继续附着在接触面上时，称为静摩擦，此时的摩擦力称为静摩擦力，如图 5-7 所示。

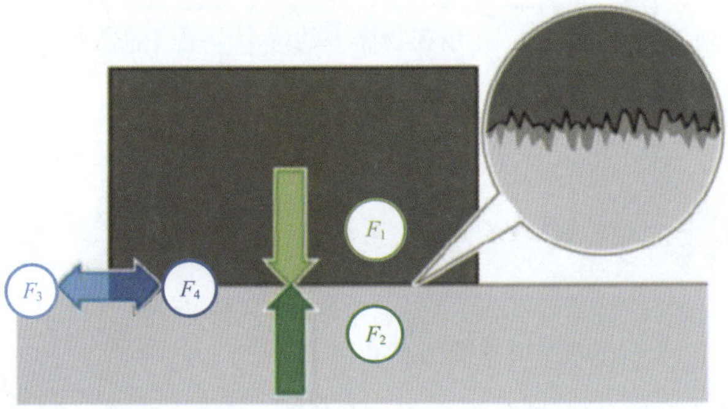

索引	说　明
F_1	物体的重力
F_2	支撑物体的支撑力
F_3	对物体的拉力
F_4	反作用于拉力的摩擦力

图 5-7　静摩擦力

<<< 2. 静摩擦力的影响参数

静摩擦可产生的反作用力大小有限。超过最大限值时，物体与支撑面间的啮合关系就会被破坏。物体随即开始移动。最大静摩擦力是物体在静止状态下能承受的最大摩擦力，它与以下因素有关：

（1）接触面间的压力；

（2）接触面的粗糙程度。

接触面间的压力越大，静摩擦力就越大。对于汽车而言，接触面间的压力是垂直作用于路面上的重力分量，称为法向力。两个物体间的接触面越粗糙，可产生的静摩擦力就越大。因此无论从宏观角度还是从微观角度，两个接触面的特性对摩擦力都起到重要作用。

注意：两个物体接触面的大小对最大静摩擦力没有任何影响。如果两个物体的接触面没有方向性纹路，那么静摩擦力的大小也不取决于受力方向。

为了描述接触面的摩擦特性，引入了静摩擦系数 μ_S，静摩擦系数代表最大静摩擦力与两个物体接触面间的压力的相互关系。静摩擦力计算公式如下：

$$F_S=\mu_S F_N$$

式中：F_S——静摩擦力；

μ_S——静摩擦系数；

F_N——接触面间的压力，即垂直作用于两个物体的接触面的力。

当同时有多个力从不同方向作用到物体上时，物体是保持静止还是开始移动主要取决于合力的大小。计算合力时，不仅要考虑单个作用力的大小，还要考虑其作用方向。图 5–8 展示了如何根据单个作用力计算合力。计算合力时，将作用力 F_2 箭头平行推至作用力 F_1 箭头端部。通过连接 F_1 箭头起点与所移 F_2 箭头终点得到合力 F_3 箭头。

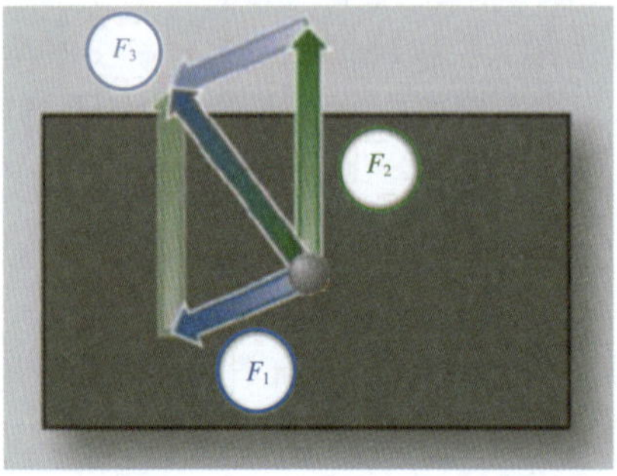

索引	说　明
F_1、F_2	作用在物体上的单个作用力
F_3	作用在物体上的两个作用力的合力

图 5–8　力的平衡四边形

<<< 3. 滑动摩擦

当物体承受的拉力不断增大并超过最大静摩擦力时，物体就开始在支撑面上移动，这种情况称为滑动摩擦，如图 5–9 所示。

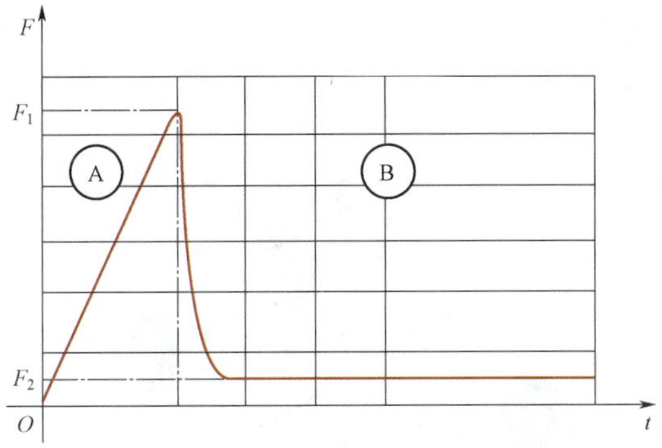

索引	说　明
A	静摩擦
B	滑动摩擦
F	作用在物体上的拉力
F_1	最大静摩擦力
F_2	最大滑动摩擦力

图 5-9　由静摩擦转变为滑动摩擦

滑动摩擦时，也会产生一个反作用于物体的作用力，即所谓的滑动摩擦力。滑动摩擦力小于静摩擦力，因为滑动摩擦系数 μ 小于静摩擦系数 μ_S。滑动摩擦力的计算公式如下：

$$F=\mu F_N$$

式中：F——滑动摩擦力；

μ——滑动摩擦系数；

F_N——垂直作用于两个物体的接触面的力。

<<< 4. 利用摩擦传递作用力

在很多语言中，“摩擦”一词都带有贬义，因为摩擦表示期望的运动受到阻碍；摩擦会造成能量损失（通常是热能），从而导致能量不能完全用于所需目的。但“摩擦”也必不可少，如：轮胎与路面之间的静摩擦是确保二者间传递作用力的唯一途径。最大静摩擦力表示轮胎可以传递到路面上的最大作用力。只要轮胎停在路面上有运动趋势，就会一直存在静摩擦。如果静摩擦力超过最大限值，轮胎与路面间的静摩擦就会转变为滑动摩擦，轮胎随即打滑，可传递的作用力随之明显降低，因为路面与轮胎间的滑动摩擦系数明显小于静摩擦系数。

<<< 5. 轮胎的受力

车辆支撑力由车辆重力（包括负荷）决定。总重力分布在四个轮胎上，但并不均匀。车辆重力分布情况不同，各轮胎承担的支撑力也不同。

行驶情况对轮胎支撑力也有影响，因此各轮胎承担的支撑力随行驶情况不同而动态变化。转弯行驶时，外侧轮胎承担的支撑力较大，这是通过车辆侧倾，即车身绕纵轴扭转产生的，如图 5-10 所示。

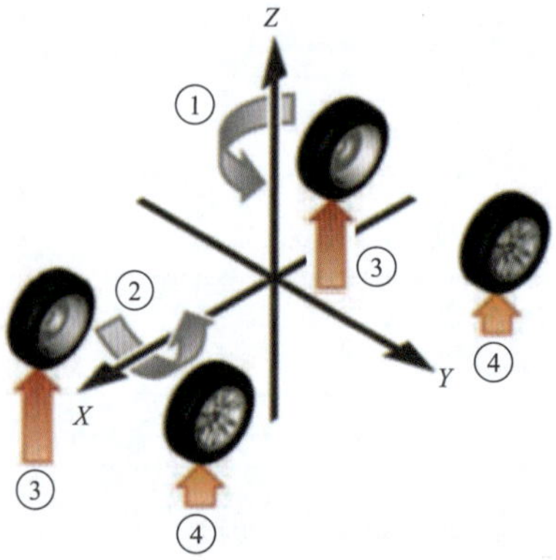

索引	说 明
①	在转弯行驶过程中，车辆围绕垂直轴转动（“偏转”），由此产生横向离心力
②	离心力促使车辆围绕纵轴转动（“侧倾”）
③	侧倾运动造成弯道外侧轮胎上的支撑力较大
④	侧倾运动造成弯道内侧轮胎上的支撑力较小

图 5-10　车辆侧倾时的不同支撑力

进行制动时，前桥弹簧压缩，车辆前俯，因此前车轮上的支撑力增大，后车轮上的支撑力减小，如图 5-11 所示。

索引	说 明
①	车辆围绕横轴转动（俯仰），这种情况由制动过程中的纵向力等所致
②	前俯运动造成前轮胎上的支撑力较大
③	前俯运动造成后轮胎上的支撑力较小

图 5-11　车辆前俯时各轮胎承受的支撑力

支撑力导致轮胎接触面和轮胎侧壁变形。切向力沿轮胎圆周即轮胎纵向方向产生作用。正切向力使车辆加速，负切向力使车辆减速。在转弯行驶过程中，沿轮胎横向方向产生侧向力。转弯行驶时，车辆和所有车轮（按比例）承受向外的离心力。轮胎与路面之间的静摩擦产生反作用于离心力的侧向力。通过使车轮倾斜于车辆移动方向产生该侧向力，该倾斜角称为侧偏角，如图 5-12 所示。

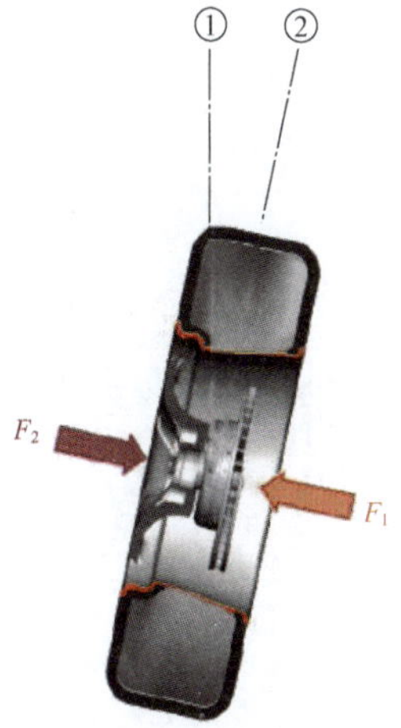

索引	说　明
①	车辆移动方向
②	轮胎纵轴
F_1	离心力
F_2	侧向力

图 5-12　侧向力的构成

通过侧向力 F_2 与离心力 F_1 之间的力平衡使车辆保持行驶路线并驶过弯道。轮胎的倾斜使轮胎以弹性方式变形，这种变形可使侧向力进一步提高。

<<< 6. 通过轮胎传递作用力的影响因素

轮胎作用力传递建立在静摩擦的自然规律之上，因此可传递的最大作用力也取决于静摩擦系数和轮胎对路面的压力。以纵向力为例，即：$F_X=\mu_S \times F_Z$，其中 F_X 是纵向最大作用力，μ_S 是静摩擦系数，F_Z 是轮胎对路面的压力。

为了提高可传递的纵向力，理论上可以增加车辆重量，但车辆加速和制动时所需的作用力和耗油量也会随之增加。因此实际上不考虑这种影响因素。

另一个影响轮胎可传递的最大作用力的因素是轮胎与路面之间的静摩擦系数 μ_S，μ_S 取决于以下边界条件：

（1）路面材料（混凝土，沥青）；

（2）路面状态（干燥，潮湿，被冰雪覆盖）；

（3）轮胎状态（花纹深度，磨损）；

（4）轮胎类型（夏季或冬季轮胎，胎面花纹）；

（5）车速。

图 5-13 是新花纹轮胎的静摩擦系数，图 5-14 是磨损花纹轮胎的静摩擦系数。

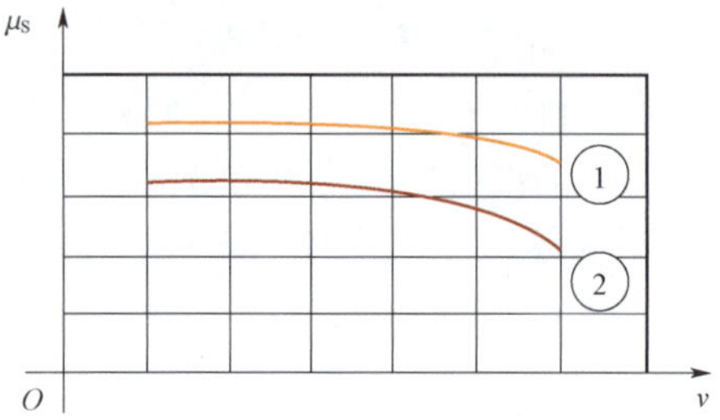

索引	说　明
①	干燥路面
②	潮湿路面
μ_S	静摩擦系数
v	车速

图 5-13　新花纹轮胎的静摩擦系数

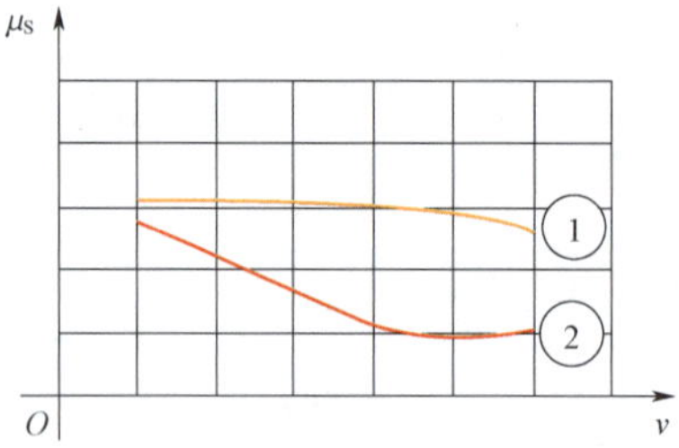

索引	说　明
①	干燥路面
②	潮湿路面
μ_S	静摩擦系数
v	车速

图 5-14　磨损花纹轮胎的静摩擦系数

轮胎制造商不断针对所用材料和胎面花纹进行改进，除减小可能造成耗油量增大的轮胎磨损外，主要目的还在于尽可能最大化可传递的作用力，因此轮胎制造商致力于充分利用轮胎接触面并对胎面花纹（图 5-15）进行相应设计。

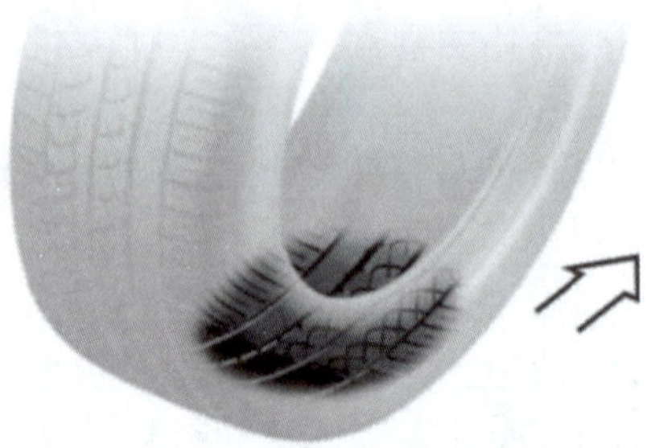

图 5-15　轮胎接触面胎面花纹

如果由于某种原因无法充分利用轮胎接触面，则胎面花纹也无法全部用于传递作用力，因此轮胎与路面之间接触面的大小对最大作用力有很大影响。

轮胎接触面的大小也受到车轮位置的影响。因此，无论是车桥结构还是底盘调校，都对不同行驶状态下轮胎可传递的作用力有很大影响。由于轮胎花纹的形状对可传递的作用力也有影响，因此纵向和横向最大作用力也不同。

静摩擦的基本原理同样适用于轮胎与路面之间，即单个作用力的大小不能起决定作用，而需根据合力大小，即各种作用力的合力才能决定沿哪个方向传递多大的作用力。为确保汽车具有稳定的行驶特性，合力不能高于最大静摩擦力，如图 5-16、图 5-17 所示。

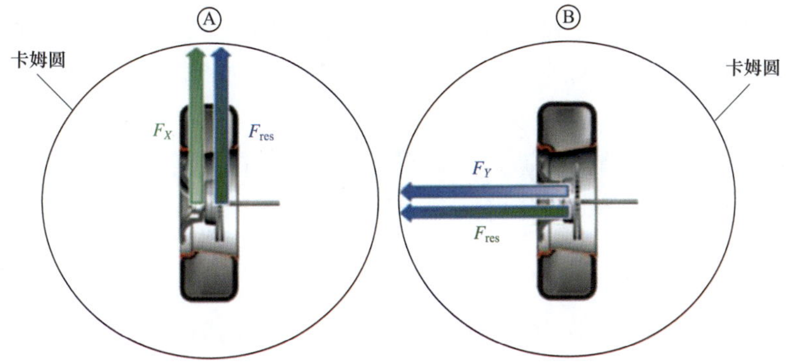

索引	说 明
F_X	纵向作用力
F_Y	横向作用力
F_{res}	合力
Ⓐ	轮胎仅承受一个较大的纵向作用力（例如驾驶员急加速时）。由于没有横向作用力，因此轮胎上的合力与纵向作用力相等，合力恰好在卡姆圆范围内，此时承受任何附加侧向力都会导致合力超出卡姆圆范围
Ⓑ	轮胎仅承受一个较大的横向力（例如以恒定车速转弯行驶）。此时没有纵向作用力，因此轮胎上的合力与横向作用力相等，合力恰好在卡姆圆范围内，此时承受任何附加纵向力（加速/制动）都会导致合力超出卡姆圆范围

图 5-16 表示轮胎上最大作用力的卡姆圆

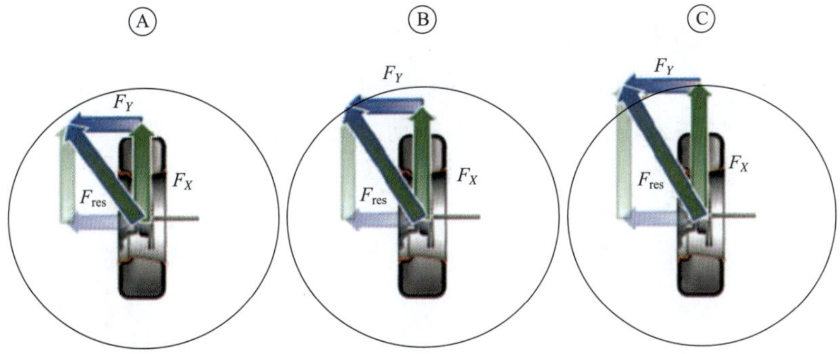

索引	说 明
F_X	纵向作用力
F_Y	横向作用力
F_{res}	合力
Ⓐ	纵向力与横向力的合力位于卡姆圆范围内，还可以传递附加纵向作用力或横向作用力
Ⓑ	纵向力与横向力的合力恰好位于卡姆圆范围内，不能传递任何附加纵向作用力或横向作用力
Ⓒ	纵向力与横向力的合力超出卡姆圆范围，超出部分无法传递到路面上

图 5-17 表示轮胎上纵向力和横向力的卡姆圆

如果轮胎上的合力在卡姆圆范围内，就能够传递到路面上。如果超出卡姆圆范围，则无法继续传递到路面上。这种情况会导致轮胎朝该作用力方向滑动，之后便不再继续朝预期纵向方向滚动。

超出卡姆圆范围后，轮胎与路面之间的静摩擦转变为滑动摩擦。轮胎不再正常滚动，而是在路面上斜向打滑。由于滑动摩擦系数小于静摩擦系数，因此可传递的作用力降至最低。最严重时可能会导致车辆无法继续转向，轮胎无法继续将转弯行驶所需侧向力传递到路面上。车辆随即可能开始侧滑或甩尾。

若遇这种情况，在加速过程中，驾驶员可通过松开加速踏板来消除这种危险情况；在减速过程中，驾驶员则需松开制动器，这样可以减小纵向力，并使合力重新返回卡姆圆范围内，使车轮重新开始滚动并可继续传递转弯行驶所需侧向力，使车辆继续按照驾驶员的指令行驶并通过弯道。

任务实施

实训 24　动力性能主观评价

1. 评价条件

1）车辆条件

（1）评价车辆只乘坐一名评价师。

（2）评价车辆的轮胎气压按照车辆制造厂的规定进行调整。

（3）车上的电器设备应关闭。

（4）车辆动力电池的 SOC 值在 80%以上。

（5）评价前，应按照车辆制造厂的技术要求对车辆进行检查及做必要的调整。

（6）评价车辆应使用安装在评价车辆上的动力电池行驶至少 200 km。

2）评价场地条件

评价场地：清洁、干燥、平直的混凝土或沥青（或相类似的）路面。

风速：小于 3 m/s。

温度：0～40 ℃。

2. 评价方法

（1）动力响应：分别在不同的速度下踩下加速踏板（开度为全开和半开），在两种加速踏板开度下综合感受加速时车辆的动力响应及迟滞情况，在车辆的各种模式（NORMAL、SPORT 及 ECO 模式）下分别进行测试，根据各种模式下对不同车速动力响应及迟滞情况的主观感受进行评分（1～10 分）。

（2）起步加速：在不同的加速踏板开度下进行 0～100 km/h 加速，在 NORMAL、SPORT 及 ECO 模式下分别进行测试，根据对不同的加速踏板开度在各种行驶模式下的加速感的综合主观感受进行评分（1～10 分）。

（3）超越加速：在不同的加速踏板开度下分别进行加速，在车辆的各种模式（NORMAL、

SPORT 及 ECO 模式）下感受加速感，根据对超越加速感的主观感受进行评分（1～10 分）。

（4）爬坡性能：在 20%的坡道进行测试，评价车辆的爬坡性能及坡道起步能力，根据对车辆爬坡性能优劣的主观感受进行评分（1～10 分）。

实训 25　驾驶性能主观评价

<<< 1. 评价条件

1）车辆条件

（1）评价车辆只乘坐一名评价师。

（2）评价车辆的轮胎气压按照车辆制造厂的规定进行调整。

（3）车辆动力电池的 SOC 值在 50%以上。

（4）评价前，应按照车辆制造厂的技术要求对车辆进行检查及做必要的调整。

（5）评价车辆应使用安装在评价车辆上的动力电池行驶至少 200 km。

2）评价场地条件

评价场地：清洁、干燥、平直的混凝土或沥青（或相类似的）路面。

风速：应小于 5 m/s。

温度：0～40 ℃。

<<< 2. 评价方法

（1）加速线性度：感受车辆加速时车速随加速踏板开度变化而变化的线性程度，根据对线性程度的主观感受进行评分（1～10 分）。

（2）匀速行驶能力：感受加速踏板开度控制车速稳定在某一数值的难易程度及匀速行驶时的平顺性，根据对控制难易程度及平顺性的主观感受进行评分（1～10 分）。

（3）tip-in/out 平顺性：在不同的车速下行驶时，快速踩/松开加速踏板，根据对电机扭矩变化引起车身振荡及顿挫的主观感受进行评分（1～10 分）。

（4）换档杆位置及换档力：正常驾驶坐姿下，感受换档杆位置合理性，评判其是否利于驾驶者舒适操作，感受换档力大小，根据对选换档位置难易度和换档力大小的主观感受进行评分（1～10 分）。

（5）踏板系统操作性：根据对加速踏板或制动踏板的位置、踏板力及踏板行程、踏板之间的操作空间（踏板之间的左右空间、上下高度差）、踏板之间是否容易切换的主观感受进行评分（1～10 分）。

（6）D、R 档静态换档感：停车状态下，感受 D、R 档选换档时是否有卡滞、响应时间是否适中，根据对 D、R 档选换档时的平顺度及响应时间的主观感受进行评分（1～10 分）。

（7）驾驶平顺性：制动能量回收强度设置为最低状态，感受车辆在动态行驶中松开加速踏板时制动能量回收对平顺性的影响程度，根据对平顺性的主观感受进行评分（1～10 分）。

实训 26　制动性能主观评价

<<< 1. 评价条件

1）车辆条件

（1）评价车辆只乘坐一名评价师。

（2）评价车辆的轮胎气压按照车辆制造厂的规定进行调整。

（3）车辆动力电池的 SOC 值在 50%以上。

（4）评价前，应按照车辆制造厂的技术要求对车辆进行检查及做必要的调整。

（5）评价车辆应使用安装在评价车辆上的动力电池行驶至少 200 km。

2）评价场地条件

评价场地：清洁、干燥、平直的混凝土或沥青（或相类似的）路面。

风速：小于 5 m/s。

温度：0～40 ℃。

<<< 2. 评价方法

（1）制动效能：综合感受轻微制动、中等强度制动、紧急制动时的制动效能及制动时的信心感，根据对制动效能及信心感的主观感受进行评分（1～10 分）。

（2）制动踏板感觉：车辆制动时感受制动踏板力大小是否适中、踏板力的线性度、踏板行程分配是否合理、是否可以精确控制踏板力，根据对制动踏板力的主观感受进行评分（1～10 分）。

（3）制动响应：在不同的制动踏板速率下，综合感受轻微制动、中等强度制动、紧急制动时制动响应速度是否适中，根据对响应快慢及迟滞时间的主观感受进行评分（1～10 分）。

（4）制动稳定性：车辆制动时，综合感受制动时车身方向稳定性、车身俯仰状况、有无跑偏，感受紧急制动时 ABS 启动是否及时、高效，以及 ABS 声音品质如何，根据对制动稳定性及 ABS 效能的主观感受进行评分（1～10 分）。

（5）弯道制动：在弯道上进行轻微制动、中等强度制动、紧急制动，根据对制动稳定性及信心感的主观感受进行评分（1～10 分）。

（6）制动振动、噪声：根据对制动时制动系统有无振动及噪声的主观感受进行评分（1～10 分）。

（7）制动系统控制性：评价车辆在不同的踏板力下对应的减速度，根据对制动系统控制难易程度的主观感受进行评分（1～10 分）。

（8）驻车制动：感受驻车制动操作位置是否合理、操作力是否适中，以及驻车制动效能（20%坡道进行），根据对驻车制动操作位置、操作力及驻车制动效能和响应情况（电子驻车）的主观感受进行评分（1～10 分）。

制动性能主观评价如图 5-18 所示。

图 5-18　制动性能主观评价

实训 27　转向性能主观评价

1. 评价条件

1）车辆条件

（1）评价车辆只乘坐一名评价师。

（2）评价车辆的轮胎气压按照车辆制造厂的规定进行调整。

（3）车辆动力电池的 SOC 值在 50%以上。

（4）评价前，应按照车辆制造厂的技术要求对车辆进行检查及做必要的调整。

（5）评价车辆应使用安装在评价车辆上的动力电池行驶至少 200 km。

2）评价场地条件

评价场地：清洁、干燥、平直的混凝土或沥青（或相类似的）路面。

风速：小于 5 m/s。

温度：0～40 ℃。

2. 评价方法

（1）低速转向力（驻车、泊车工况）：感受低速工况（驻车、泊车）时转向力大小，转向力有无突变、抖动、摩擦感，根据对转向力大小及摩擦感的主观感受进行评分（1～10 分）。

（2）行驶转向力：感受车辆在行驶时的转向力是否适中，根据对转向力大小的主观感受进行评分（1～10 分）。

（3）转向力的建立（线性度）：感受转向力随车速和侧向加速度变化的线性程度及是否存在转向力不规则的变化，根据对转向力变化线性程度及转向力变化情况的主观感受进行评分（1～10 分）。

（4）转向精准性：感受转向盘输入的转角与对应车身横摆的一致性（转向盘输入转角与对应的车身横摆应该是渐进的），根据对转向精准性的主观感受进行评分（1～10 分）。

（5）中心位置：车辆正常行驶时，从转向盘输入较小角度，使车辆维持行驶方向不变，感受转向盘中间位置的清晰度及力矩死区的大小，根据对转向盘中间位置清晰度及力矩死区大小的主观感受进行评分（1～10 分）。

（6）转向回正：感受车辆在不同速度状态下输入转向操作后转向系统恢复到直线行驶位置的能力，感受转向回正是否迅速、均匀，是否存在超调，根据对转向盘回正的速度、均匀性及超调情况的主观感受进行评分（1～10 分）。

小知识

低速回正：转向盘向左、向右分别打满，松转向盘，保持 10 km/h 行驶，在极低的速度行驶时转向盘回正的微小误差是可以接受的。

中速回正：60 km/h 匀速行驶时转向盘分别向左、右打 90° 后松开。

高速回正：80 km/h 匀速行驶时转向盘分别向左、右打 15° ~30° 后松开。

（7）转向响应：转向盘打至不同角度时，感受转向响应是否及时，侧向加速度、横摆角速度的响应是否为渐进的，根据对转向输入后对应侧向加速度与横摆角速度的响应时间的主观感受进行评分（1～10 分）。

（8）转向干扰：当路面存在冲击（小凸起）和车辆处于中高侧向加速度工况时，感受在转向盘处造成能够感觉到的转向盘转角和力矩的扭转振动是否剧烈，车辆是否易于控制，根据对扭转振动的大小及车辆易于控制程度的主观感受进行评分（1～10 分）。

转向性能主观评价如图 5-19 所示。

图 5-19　转向性能主观评价

实训 28　操稳性能主观评价

1. 评价条件

1）车辆条件

（1）评价车辆只乘坐一名评价师。

（2）评价车辆的轮胎气压按照车辆制造厂的规定进行调整。

（3）车辆动力电池的 SOC 值在 50%以上。

（4）评价前，应按照车辆制造厂的技术要求对车辆进行检查及做必要的调整。

（5）评价车辆应使用安装在评价车辆上的动力电池行驶至少 200 km。

2）评价场地条件

评价场地：清洁、干燥、平直的混凝土或沥青（或相类似的）路面；干燥、清洁的一般路面（只用于评价直线行驶稳定性）。

风速：小于 5 m/s。

温度：0～40 ℃。

<<< 2. 评价方法

（1）直线行驶稳定性;感受车辆在不平坦路面上保持直线行驶而无须驾驶员修正方向的能力，根据对车辆直线行驶稳定性的主观感受进行评分（1～10 分）。

（2）直线加速、减速稳定性：感受车辆加减速时驾驶员不持续修正方向、车辆保持直线行驶的能力及车身的俯仰状况，根据对车身姿态是否稳定及车身俯仰程度的主观感受进行评分（1～10 分）。

（3）高速行驶稳定性：根据对车辆在高速行驶状态下（100 km/h 及以上）行驶稳定性及车辆抗侧风影响能力的主观感受进行评分（1～10 分）。

（4）弯道行驶稳定性：当车辆出弯时（尤其是半径减小的弯路，如发夹弯），感受保持规划弯道路线的难易程度（弯道没有过分的变大或减小），同时评价弯道内的车身控制，根据对车辆控制难易程度的主观感受进行评分（1～10 分）。

（5）转向特性：感受车辆是否有适度的不足转向（在稳态回转工况下进行评价），根据对转向不足大小的主观感受进行评分（1～10 分）。

（6）变线稳定性：车辆紧急变道时（车速从低速逐渐到高速），感受车身的侧倾速度快慢及横摆稳定性，根据对车身侧倾速度快慢、车身横摆稳定性、前后轴响应等的主观感受进行评分（1～10 分）。

（7）侧倾控制：感受车辆稳态侧倾变化、左右一致性、侧倾控制，根据对车辆是否易于控制、有无多余侧倾晃动、前后轴侧倾是否具有一致性的主观感受进行评分（1～10 分）。

操稳性能主观评价如图 5-20 所示。

图 5-20　操稳性能主观评价

实训 29　NVH 性能主观评价

<<< 1. 评价条件

1）车辆条件

（1）评价车辆只乘坐一名评价师（评价后排 NVH 性能时需要一名辅助驾驶员按照评价

方法进行车辆驾驶操作，评价师坐于后排进行评价）。

（2）评价车辆的轮胎气压按照车辆制造厂的规定进行调整。

（3）车上的电器设备应关闭。

（4）车辆动力电池的 SOC 值在 50%以上。

（5）评价前，应按照车辆制造厂的技术要求对车辆进行检查及做必要的调整。

（6）评价车辆应使用安装在评价车辆上的动力电池行驶至少 200 km。

2）评价场地条件

评价场地：清洁、干燥、平直的混凝土或沥青（或相类似的）路面及粗糙/光滑沥青路。

风速：小于 3 m/s。

温度：0～40 ℃。

2. 评价方法

NVH 是噪声（noise）、振动（vibration）与声振粗糙度（harshness）的英文缩写。这是衡量汽车制造质量的一个综合性问题，它给汽车用户的感受是最直接和最表面的。车辆的 NVH 问题是国际汽车业各大整车制造企业和零部件企业关注的问题之一。评价内容如下：

（1）动力系统 NVH（前排/后排）：在车辆加减速、匀速行驶工况下，感受车辆电机的噪声大小，根据对噪声大小的主观感受进行评分（1～10 分）。

（2）传动系统 NVH（前排/后排）：根据对车辆行驶时传动系统有无噪声的主观感受进行评分（1～10 分）。

（3）车身系统 NVH（前排/后排）：在车辆以不同的速度行驶时，感受风噪声（风吹在车身、后视镜、雨刮、机盖上等）大小、车身有无共振共鸣、车身隔声效果等，根据对噪声大小的主观感受进行评分（1～10 分）。

（4）底盘系统 NVH（前排/后排）：在车辆以不同的速度行驶时，感受悬架系统在不同路面上的噪声大小；根据对噪声大小的主观感受进行评分（1～10 分）。

（5）电气系统 NVH（前排/后排）：感受车辆电气系统工作噪声的大小及音品质，根据对电气系统噪声大小及声音品质的主观感受进行评分（1～10 分）。

（6）其他异常振动及噪声（前排/后排）：感受车辆异常振动及噪声大小，根据对噪声大小的主观感受进行评分（1～10 分）。

实训 30　乘坐舒适性能主观评价

1. 评价条件

1）车辆条件

（1）评价车辆只乘坐一名评价师（评价后排乘坐舒适性能时需要一名辅助驾驶员按照评价方法进行车辆驾驶操作，评价人员坐于后排评价）。

（2）评价车辆的轮胎气压按照车辆制造厂的规定进行调整。

（3）车辆动力电池的 SOC 值在 50%以上。

（4）评价前，应按照车辆制造厂的技术要求对车辆进行检查及做必要的调整。

（5）评价车辆应使用安装在评价车辆上的动力电池行驶至少 200 km。

2）评价场地条件

评价场地：具备减速带路、井盖路、台阶路、小突起路、U 形槽路、搓板路、粗糙/光滑沥青路、不规则混凝土路、光滑铺石路等特征路面。

风速：小于 5 m/s。

温度：0～40 ℃。

2. 评价方法

（1）车身舒适性（前排/后排）：主要考量车身俯仰感和车身侧倾晃动的大小，车身与地面贴服感、有无多余晃动，根据对车身俯仰感、左右侧倾晃动量及二者是否均匀对称的主观感受进行评分（1～10 分）。

（2）振动舒适性（前排/后排）：感受行驶时车轮、传动系、转向系产生的高频振动及车辆吸收振动的情况，根据对车内振动吸收程度的主观感受进行评分（1～10 分）。

（3）冲击舒适性（前排/后排）：感受低速行驶时车辆受到大路障冲击及中高速行驶时车辆受到小路障冲击后，车身是否能够较好吸收冲击、振动情况及声音品质如何，根据对车内冲击振动大小及声音品质的主观感受进行评分（1～10 分）。

（4）隔绝性（前排/后排）：综合感受车辆隔绝路面冲击的能力，根据对隔绝路面冲击的程度及车内舒适度的主观感受进行评分（1～10 分）。

乘坐舒适性能主观评价如图 5-21 所示。

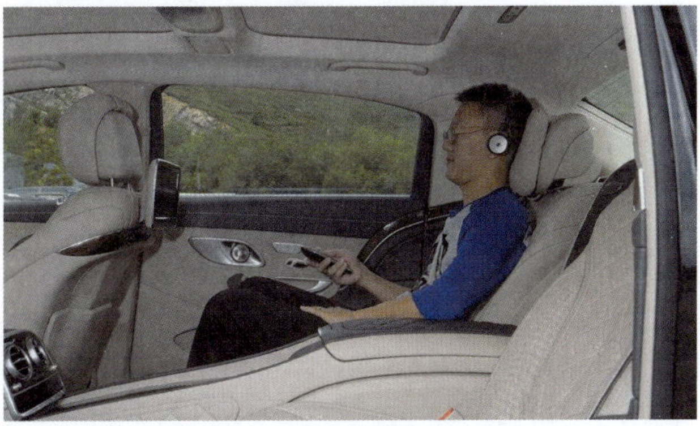

图 5-21　乘坐舒适性能主观评价

任务拓展

汽车动态评价方法比较

现在网络上有很多汽车动态评价的视频，请选一个评价视频，与本实训的评价标准比较，指出视频中的评价方法存在哪些优缺点，并将答案上传线上课程讨论区。

任务工单

任务 5-2 新能源汽车动态性能评价工单

姓名		班级		任务成绩	
序号	项目	序号	子项		评分（1～10 分）
1	动力性能	1	动力响应		
		2	起步加速		
		3	超越加速		
		4	爬坡性能		
2	驾驶性能	5	加速线性度		
		6	匀速行驶能力		
		7	tip-in/out 平顺性		
		8	换档杆位置及换档力		
		9	踏板系统操作性		
		10	D、R 档静态换档感		
		11	驾驶平顺性		
3	制动性能	12	制动效能		
		13	制动踏板感觉		
		14	制动响应		
		15	制动稳定性		
		16	弯道制动		
		17	制动振动、噪声		
		18	制动系统控制性		
		19	驻车制动		

续表

姓名		班级		任务成绩	
序号	项目	序号	子项		评分（1～10 分）
4	转向性能	20	低速转向力（驻车、泊车工况）		
		21	行驶转向力		
		22	转向力建立		
		23	转向精准性		
		24	中心位置		
		25	转向回正		
		26	转向响应		
		27	转向干扰		
5	操稳性能	28	直线行驶稳定性		
		29	直线加速、减速稳定性		
		30	高速行驶稳定性		
		31	弯道行驶稳定性		
		32	转向特性		
		33	变线稳定性		
		34	侧倾控制		
6	NVH 性能	35	动力系统 NVH（前排/后排）		
		36	传动系统 NVH（前排/后排）		
		37	车身系统 NVH（前排/后排）		
		38	底盘系统 NVH（前排/后排）		
		39	电气系统 NVH（前排/后排）		
		40	其他异常振动及噪声（前排/后排）		
7	乘坐舒适性	41	车身舒适性（前排/后排）		
		42	振动舒适性（前排/后排）		
		43	冲击舒适性（前排/后排）		
		44	隔绝性（前排/后排）		

理论测验

1. 在进行新能源汽车的驾驶体验评价时，下列哪一项不是直接影响驾驶者满意度的因素？

A. 加速响应　　B. 制动效能

C. 车内噪声水平　　D. 车辆颜色

2. 当评估新能源汽车内部空间布局与乘坐舒适度时，以下哪个方面最能体现车辆的人体工程学设计？

A. 电池容量大小　　B. 座椅调节范围和支撑性

C. 车身长度　　D. 最大速度

3. 新能源汽车在城市道路上行驶时，其平顺性和静谧性是重要的考量因素。下列哪项措施不能有效提升车内乘客的这种体验？

A. 改进悬挂系统以减小震动　　B. 增加车窗玻璃厚度以降低外界噪声

C. 提升电机的最大功率输出　　D. 优化车身隔声材料

4. 对于新能源汽车而言，在进行操稳性能测试中，下面哪个选项不是用来衡量车辆稳定性的关键指标？

A. 转向精度　　B. 高速行驶下的直线稳定性

C. 车辆外观设计　　D. 弯道中的侧倾控制

5. 在进行新能源汽车的人机交互界面（HMI）主观评价时，下列哪一点不是评价的重点？

A. 界面直观易用性　　B. 功能丰富程度

C. 反应速度及流畅性　　D. 发动机排量

参考文献

［1］李明，张伟．锂离子动力电池循环寿命测试方法研究［J］．电源技术，2023，47（1）：5-8．

［2］刘华，孙健．永磁同步电机在电动汽车中的效率分析与性能测试［J］．电工技术学报，2023，38（2）：1-8．

［3］杨威，周凯．电动汽车快速充电站兼容性与互操作性测试［J］．电力系统自动化，2023，47（3）：1-7．

［4］黄波，张勇．新能源汽车组件的电磁兼容性测试与分析［J］．电气电子教学学报，2023，45（2）：1-6．